U0069899

陳布雷從政日記

（1945）

The Official Diaries of Chen Pu-lei, 1945

民國日記｜總序

呂芳上

民國歷史文化學社社長

　　人是歷史的主體，人性是歷史的內涵。「人事有代謝，往來成古今」（孟浩然），瞭解活生生的「人」，才較能掌握歷史的真相；愈是貼近「人性」的思考，才愈能體會歷史的本質。近代歷史的特色之一是資料閎富而駁雜，由當事人主導、製作而形成的資料，以自傳、回憶錄、口述訪問函札及日記最為重要，其中日記的完成最即時，描述較能顯現內在的幽微，最受史家重視。

　　日記本是個人記述每天所見聞、所感思、所作為有選擇的紀錄，雖不必能反映史事整體或各個部分的所有細節，但可以掌握史實發展的一定脈絡。尤其個人日記一方面透露個人單獨親歷之事，補足歷史原貌的闕漏；一方面個人隨時勢變化呈現出不同的心路歷程，對同一史事發為不同的看法和感受，往往會豐富了歷史內容。

　　中國從宋代以後，開始有更多的讀書人有寫日記的習慣，到近代更是蔚然成風，於是利用日記史料作歷史

研究成了近代史學的一大特色。本來不同的史料，各有不同的性質，日記記述形式不一，有的像流水帳，有的生動引人。日記的共同主要特質是自我（self）與私密（privacy），史家是史事的「局外人」，不只注意史實的追尋，更有興趣瞭解歷史如何被體驗和講述，這時對「局內人」所思、所行的掌握和體會，日記便成了十分關鍵的材料。傾聽歷史的聲音，重要的是能聽到「原音」，而非「變音」，日記應屬原音，故價值高。1970 年代，在後現代理論影響下，檢驗史料的潛在偏見，成為時尚。論者以為即使親筆日記、函札，亦不必全屬真實。實者，日記記錄可能有偏差，一來自時代政治與社會的制約和氛圍，有清一代文網太密，使讀書人有口難言，或心中自我約束太過。顏李學派李塨死前日記每月後書寫「小心翼翼，俱以終始」八字，心所謂為危，這樣的日記記錄，難暢所欲言，可以想見。二來自人性的弱點，除了「記主」可能自我「美化拔高」之外，主觀、偏私、急功好利、現實等，有意無心的記述或失實、或迴避，例如「胡適日記」於關鍵時刻，不無避實就虛，語焉不詳之處；「閻錫山日記」滿口禮義道德，使用價值略幾近於零，難免令人失望。三來自旁人過度用心的整理、剪裁、甚至「消音」，如「陳誠日記」、「胡宗南日記」，均不免有斧鑿痕跡，不論立意多麼良善，都會是史學研究上難以彌補的損失。史料之於歷史研究，一如「盡信書不如無書」的話語，對證、勘比是個基本功。或謂使用材料多方查證，有如老吏斷獄、

法官斷案，取證求其多，追根究柢求其細，庶幾還原案貌，以證據下法理註腳，盡力讓歷史真相水落可石出。是故不同史料對同一史事，記述會有異同，同者互證，異者互勘，於是能逼近史實。而勘比、互證之中，以日記比證日記，或以他人日記，證人物所思所行，亦不失為一良法。

從日記的內容、特質看，研究日記的學者鄒振環，曾將日記概分為記事備忘、工作、學術考據、宗教人生、游歷探險、使行、志感抒情、文藝、戰難、科學、家庭婦女、學生、囚亡、外人在華日記等十四種。事實上，多半的日記是複合型的，柳貽徵說：「國史有日歷，私家有日記，一也。日歷詳一國之事，舉其大而略其細；日記則洪纖必包，無定格，而一身、一家、一地、一國之真史具焉，讀之視日歷有味，且有補於史學。」近代人物如胡適、吳宓、顧頡剛的大部頭日記，大約可被歸為「學人日記」，余英時翻讀《顧頡剛日記》後說，藉日記以窺測顧的內心世界，發現其事業心竟在求知慾上，1930 年代後，顧更接近的是流轉於學、政、商三界的「社會活動家」，在謹厚恂恂君子後邊，還擁有激盪以至浪漫的情感世界。於是活生生多面向的人，因此呈現出來，日記的作用可見。

晚清民國，相對於昔時，是日記留存、出版較多的時期，這可能與識字率提升、媒體、出版事業發達相關。過去日記的面世，撰著人多半是時代舞台上的要角，他們

的言行、舉動，動見觀瞻，當然不容小覷。但，相對的芸芸眾生，識字或不識字的「小人物」們，在正史中往往是無名英雄，甚至於是「失蹤者」，他們如何參與近代國家的構建，如何共同締造新社會，不應該被埋沒、被忽略。近代中國中西交會、內外戰事頻仍，傳統走向現代，社會矛盾叢生，如何豐富歷史內涵，需要傾聽社會各階層的「原聲」來補足，更寬闊的歷史視野，需要眾人的紀錄來拓展。開放檔案，公布公家、私人資料，這是近代史學界的迫切期待，也是「民國歷史文化學社」大力倡議出版日記叢書的緣由。

導言

劉維開

國立政治大學歷史學系教授

一

　　陳布雷（1890 年 11 月 15 日－1948 年 11 月 13 日），浙江慈谿人，原名訓恩，字彥及，筆名布雷、畏壘。早年為記者，之後從政，歷任國民政府軍事委員會侍從室第二處主任、國防最高委員會副秘書長、中國國民黨中央政治委員會秘書長等職，是蔣中正在大陸時期最倚重的幕僚，信任之專，難有相比者。從政日記，開始於 1935 年 3 月 1 日，終止於 1948 年 11 月 11 日逝世前夕，前後十三年又八個月。事實上，在此之前亦有日記，1935 年 10 月 12 日，陳氏曾「整理舊篋，得民國十一年之舊日記三冊，重讀一過，頗多可回味之處。」然這部份的日記至今並未得見，僅能於其《回憶錄》了解一二。

二

　　關於《陳布雷從政日記》的流傳經過，陳氏八弟陳叔同應《傳記文學》社長劉紹唐之邀，撰〈關於陳布雷

日記及其他〉（《傳記文學》第55卷第5期，1989年11月）一文說明。根據陳叔同的記述，陳布雷逝世後，家屬曾將其於1936年及1940年所撰寫之《回憶錄》，即出生至五十歲止之求學與工作經歷，以原始親筆墨蹟於1949年初出版。「不久時局危殆，政府各機關紛紛撤離大陸，正當上海行將淪陷之際，又匆匆將布雷先生自民國二十四年一月起至三十七年十一月十二日其逝世前夕止的親筆日記，全部以拍照縮製卅五米厘微膠卷，裝置小盒，由大陸帶出，分藏於美、臺各家人手中；而日記原稿數十冊，仍留置上海無法運走。」「日記原稿，為毛筆字書寫之十行紙簿本，整十三年之日記，多達數十冊，約五百七十萬字。經製作微膠卷，重僅三百公克，雖當時製作微膠卷技術，遠不如今日，但能安全攜出布雷先生日記於自由地區，實為一大幸事。」日記膠卷攜出後，陳氏家屬一直未作任何處理，至1961年間，臺北方面家屬考慮日記閱讀方便，並能妥善保存，認為似宜設法排印，乃先將每一膠片沖印為5乘7英吋照片，達可直接目視閱讀之程度，以利排版，復由陳布雷六弟陳訓悉於《香港時報》社長任內，在香港排印三十部，每部五冊。

　　陳布雷日記之排印本，起自1935年3月1日。先是陳氏於1934年5月受蔣中正延攬，任軍事委員會委員長南昌行營設計委員會主任。1935年2月，蔣氏修改侍從室組織，分設一、二兩處，以陳氏為侍從室第二處主任兼第五組組長。3月1日，軍事委員會委員長武昌行營成立，陳

氏參加成立典禮，並於是日起始為日記，謂：「自三月起始為日記，自是日日為之，未嘗中輟焉」。日記結束於1948年11月11日，為逝世前二日，時任中國國民黨中央政治委員會秘書長。因日記所涉時間，為陳氏從事政務階段，家屬乃將其題名為「陳布雷先生從政日記」。復以「布雷先生從事黨政工作數十年，雖無顯赫官位，但大部時間，均為輔佐決策當局，暨任總裁文字之役，其內容多涉當時決策及中樞官員，我家人亦深知布雷先生日記之發表殊非所宜」（陳叔同文），因此於題名加「稿樣」兩字，為「陳布雷先生從政日記稿樣」，表示僅為樣書並非正式出版品，由居住在大陸以外地區之家屬各自保存，作為紀念。2016年1月，美國史丹佛大學胡佛檔案館宣布由陳布雷侄兒陳迪捐贈的陳布雷日記將完整對外公開。陳迪為陳訓悆長子，因陳布雷日記原件目前藏在南京的中國第二歷史檔案館，該日記應為當年排印《陳布雷先生從政日記稿樣》之依據。

三

　　《陳布雷先生從政日記稿樣》完成後，並未對外界透露，僅由陳訓悆檢送一套呈報蔣中正鑒核。至1988年2月，南京中國第二歷史檔案館出版的《民國檔案》刊登〈陳布雷日記選－1936年1月－2月〉，首度揭露陳布雷有日記存世。次（1989）年底，臺北《傳記文學》轉載

〈陳布雷日記選－1936年1月－2月〉，同時發表前述陳
叔同撰寫之〈關於陳布雷日記及其他〉一文，外界始知除
日記外，尚有日記排印本由家屬保管。

　　對於《民國檔案》及《傳記文學》刊登陳氏日記一
事，陳叔同於該文中表示「時至今日，此一四十年前涉及
政務黨務之私人日記，早因時移世遷，當事人十九亡故，
再無密而不宣之必要」，但為避免日記出現刪節或斷章取
義等問題，「亟願布雷先生日記持有人，能儘早主動予以
公開發表，以減少其被竄改與造謠欺世之機會」。《傳記
文學》社長劉紹唐亦於該文文末「編者按」中，表示：
「本刊正試洽此一日記稿本交由本刊連載之可能性」，然
似乎未有結果。2002年9月，陳氏長孫陳師孟出任總統府
秘書長後，將《陳布雷先生從政日記稿樣》全套五冊捐贈
國史館典藏，並同意提供研究者參閱。此後，陳布雷日
記排印本正式對外公開，研究者得以參閱，撰寫相關主
題。其中東海大學歷史研究所沈建億在呂芳上教授指導
下，完成碩士論文《蔣介石的幕僚長：陳布雷與民國政治
（1927-1948）》，為日記公開後，第一篇以陳布雷為主
題進行研究之學術論文，內容嚴謹，頗受外界好評。

　　留置在上海之陳布雷日記原稿，據復旦大學歷史文
獻學博士鞠北平在其學位論文《陳布雷文獻資料研究——
從議政到從政》中敘述，文化大革命時被抄家抄走，後來
輾轉流傳到了上海市檔案館。文化大革命結束後，上海市
檔案館將日記歸還家屬，家屬復將日記原件捐獻南京中

國第二歷史檔案館。該館於1988年在《民國檔案》第一
期上，選刊1936年1至2月日記的內容，之後未再繼續，
原件迄今未對外公開。目前大陸方面有兩個日記版本曾
經為研究者運用。一是由陳布雷二子陳過保存之《畏壘室
日記》影印件，該件據《陳布雷大傳》作者王泰棟轉述陳
過說明，乃因日記原稿委託中國歷史第二檔案館保管，該
館依例複印三套給家屬，此為其中一套，共二十九本，自
1935年2月至1948年11月11日，缺1941年上半年一本。
王泰棟撰寫《陳布雷大傳》、《陳布雷日記解讀——找尋
真實的陳布雷》及寧波大學戴光中撰〈從陳布雷日記看其
晚年心態〉等，乃依照此版本。一是上海市檔案館之抄寫
本，該館將日記原稿歸還陳布雷家屬時，曾經留下了複印
本，爾後由複印本衍生出抄寫本。鞠北平撰寫博士論文時
所參考陳氏日記，即是其導師、上海市檔案館研究館員
馮紹霆提供的抄寫本。抄寫本的內容從1935年3月1日到
1948年6月30日，缺少最後四個半月。

四

　　日記是研究歷史人物的重要素材，不僅可以研究傳
主一生經歷與思想，同時也可以研究與其相關人物之生平
與思想。陳布雷日記每日以敘事性方式記錄，自起床至就
寢，整日的工作情況，時間、地點、人物相當明確，內容
包括處理公務、會客、出訪、談話等，簡要翔實，1935

年、1936 年日記並有摘錄各方呈送報告內容，實際上就是他的工作日誌。1935 年，陳氏曾隨蔣氏至四川、貴州、雲南等地巡視，對於地方政情及風俗民情多有記錄，可作為抗戰前中央對於西南地區理解之參考。

陳氏亦於日記中記錄其自我檢討或對人事之個人意見，為理解其心態之重要參考。如1935 年 7 月 27 日，陳氏以長篇文字反省其短處，列出八項缺點，以及四項「急救之道」與應學習對象，曰：「今晨澈底自省余之短處，不一而足，憤世太深而不能逃世，此一病也。自待甚高，而自修不足，此二病也。既否定自身之能力，而求全好勝名心未除此三病也。憤激之餘，流於冷漠，對人對己均提不起熱情，甚至事務頹弛，酬應都廢，而託於淡泊以自解此四病也。對舊友新交，親疏冷暖，往往過當，有時興酣耳熱，則作交淺言深之箴規，無益於人，徒滋背憎此五病也。對於後進祗知獎掖，不知訓練，又不知保持分際之重要，對於部屬，祗知涉以情感，不知繩以紀律，此六病也。對於公務，不知迅速處理，又不能適當支配，遲迴審顧，遂多擱置，此七病也。手頭事務不能隨到輒了，而心頭時常牽憶不已，徒擾神思，益減興趣，此八病也。受病已深，袪之不易。但既不能逃世長往，則悠悠忽忽，如何其可。急救之道宜從簡易入手。一、戒遲眠；二、戒多言；三、勿求全；四、勿擱置太久。（五日一檢查）其在積極方面：安詳豁達，宜學幾分大哥之長處；熱情周至，宜學幾分四弟之長處；處事有條理宜學幾分黎叔之長處；

交友處世，不脫不黏，宜學幾分佛海之長處；循此行之，庶寡尤悔乎。」在1935年11月中國國民黨五全大會之後，陳氏深感體力心力交疲，兼以黨政機構改組以後，人事接洽，甚感紛紜，乃向蔣氏請准病假一月，杭州養病。在此期間，陳氏對於自身精神狀況多有檢討，如12月20日記道：「自念數年來所更歷之事，對余之志趣無一脗合、表面上雖強自支持，而實際無一事發於自己之志願。牽於情感，俯仰因人。既不能逃世長往，又不能自伸己意。至于體認事理，則不肯含胡，對於責任又過分重視。體弱志強心羸力絀。積種種矛盾痛苦之煎迫，自民十六年至今，煩紆抑鬱，無日而舒，瀕於狂者屢矣。每念人生唯狂易之疾為最不幸，故常於疾發之際，強自克制，俾心性得以調和。亦賴友朋相諒，遇繁憂錯亂之時，往往許以休息，然內心痛苦，則與日俱深。頗思就所經歷摹寫心理變遷之階段，詳其曲折，敘其因由，名曰『將狂』，作雜感式之紀述，或亦足供研究心理變態者之參考也。」

陳布雷交遊甚廣，在日記中留下了大量的交往記錄，大體而言，可以分為幾個部分：家人、早年就讀浙江高等學校的同學、任教寧波效實中學之同事、新聞圈友人、侍從室同僚、中央及地方黨政人士等，其中尤以最後兩部分在日記所佔分量最多，有時亦會記下對人的品評或個人感想，頗具參考價值。如1936年10月26日，聞湖北省政府主席楊永泰於前一日在漢口碼頭遇刺身亡，記道：「暢卿為人自負太高，言論行動易開罪於人，一般對之毀

譽不一，然其負責之勇，任事之勤，求之近日從政人員中
亦不可多得。竟死非命，至足惜也。」陳氏與楊永泰共事
頗久，此段評論，當為近身觀察所得，可為理解楊氏行事
之參考。再如1936年12月7日，陳氏閱報知黃郛因肝癌
病逝，記道：「黃氏智慮周敏，富於肆應之才，然兩次當
外交之衝，均蒙惡名以去，病中鬱鬱，聞頗不能自解，竟
以隕身，亦時代之犧牲者。」此段記述對於理解黃郛，乃
至黃氏與蔣中正關係之變化，提供了若干訊息。

　　另一方面，陳氏作為蔣中正之重要幕僚，除代擬文
稿、參與會議外，日常與蔣氏接觸頻繁，亦常奉指示，就
重要決策徵詢黨政相關人士意見，這些過程往往記錄於日
記，提供理解蔣氏之側面資料。如1936年5月，陳氏隨侍
蔣氏自廬山返京，於九江搭艦至蕪湖，途中與蔣氏作三十
分鐘之談話，詳述其對於國事之觀察及自身心理煩悶之由
來，蔣氏勸其注意身體，以和而不同為立身之準則，記
道：「委員長謂：種種消極悲觀，多由身體衰弱而起，宜
節勞攝生，對人對事則仍須保持獨立之見解，以和而不同
為立身之準則可耳。」（5月4日）是年9月，成都事件、
北海事件相繼發生，中、日兩國緊張情勢升高，蔣氏時在
廣州，各方催促其返回南京之電報不斷，陳氏於23日記
道：「行政院各部會長昨聯電促委員長歸京，今日孔副院
長亦來電請歸京主持，均奉批『閱』字，但對余言：此間
事畢，則歸京耳。」復記：「晚餐畢，委員長來侍從室，
命予同往散步。旋同至官邸，侍談甚久。見委員長從容鎮

定，對國內政治等仍從容處理。略談外交形勢，亦不如京中諸人之憂急無措，但微窺其意，當亦以大計無可諮商為苦。」再如1948年4月，中國國民黨六屆臨時中全會堅持欲推蔣中正為行憲第一任總統候選人，與蔣氏原意不合，6日晚，蔣氏與陳談話一小時餘，談話內容如何，不得而知，但陳氏於次（7）日日記記錄對蔣談話之感想，曰：「追繹委座昨日之談話，知其對中樞散漫情形甚關懷念，然積習相沿，遺因已久，蓋在第四次代表大會時始矣。今日欲圖補救，確非重振綱紀不可。此決非另起爐灶之謂，實應痛下決心，由中樞諸人衷心懺悔，改革制度，改革作風，刷新人事，多用少壯幹部。而任用幹部，則以公誠與能力為第一標準，如此一新耳目，庶克有濟。今日領袖不能再客氣姑息，黨員不能再諉過塞責了事，非一新耳目，不足以使本黨存在，以號召國人。然環顧黨中能自反自訟者寥若晨星，新幹部亦未作適當之培養，念之殊為憂心悄悄也。」4月12日，蔣氏主持總理紀念週講話，內容關係黨紀黨德及對部分國大代表主張修憲之意見，次日《中央日報》僅有六行的篇幅報導。陳氏則於日記記錄蔣講話重點：「注重黨德，遵守黨紀，決不可以私害公，亦不可對外自損黨的信譽。現值非常時期，應知國恥重疊，國難嚴重，切不可議論紛紜，使大會曠日持久，遷延時日。要知拖延大會日期，使吾人不能專心努力於戡亂，正為共產黨所求之不得者。至於憲法未始不可修改，然此次以不修改為宜，即或顧及戡亂時期之臨時需要，亦應以其他方法求

變通之道。關於擴大國民大會職權及設置常設委員會，萬
不可行。至戡亂完畢時，自可召集第二次大會。」對於探
討蔣氏之心態，具有相當參考價值。

　　陳氏於1948年11月13日去世，1948年為其最後一
年日記，而該年亦是中華民國實施憲政的第一年。行憲伊
始，對於政府而言，各種問題，紛至沓來，陳氏周旋其
間，精神負擔沉重，對黨內諸多現象，憂心不已，於日記
中多有反映，深感「黨內情形複雜，黨紀鬆弛，人自為
謀，不相統屬」，（5月5日）藉由其日記所記，不僅可
以揣度陳氏在這一年之心境轉折，亦可知除軍事之外，
政府與蔣中正在政治上所面臨的困境，對於1949年大變
局，能有更深一層的理解。

　　《陳布雷先生從政日記稿樣》自史政機構對外公開
後，數十年來已廣為學者參閱，相關研究著作陸續出現。
然《陳布雷先生從政日記稿樣》原意並非提供研究之用，
閱讀上仍有不便。今民國歷史文化學社以該書為基礎，重
予校對排印，公開出版，以期為民國史研究者提供重要參
考資料。此不僅對國民政府、軍委會內部運作之研究、對
蔣中正研究，以及民國史相關研究，均具重要意義。對陳
布雷個人，其文字造詣深，忠勤任事，而生活淡泊，日記
記事更給予後人諸多啟示。

編輯凡例

一、本套日記為原東南印務出版社編印，但最終並未
　　發行之《陳布雷先生從政日記稿樣》，自1935年
　　3月1日起，至1948年11月11日止。

二、本套日記依原東南印務出版社編印之版本，重新
　　以橫式排版，與原書排版方式不盡相同。

三、古字、罕用字、簡字、通同字，在不影響文意
　　下，改以現行字標示；原手民誤植之處則直接修
　　正，恕不一一標注。

四、部分內容為便利閱讀，特製成表格，並將中文數
　　字改為阿拉伯數字。

目　錄

民國 34 年
新春雜記

△余今年五十有六矣。檢點往事，去日苦多，讀書無成，作事無恆，修身立志，亦未能剛毅自強；而浪竊虛聲，蹉跎遂至此日。古人有言，壯不如人，余今且老矣，時事日艱，工作日繁，如何能勝此負荷乎。

△世上譽毀，只宜作參考自省之資；至於個性長短，則如昔賢所謂「如人飲水，冷暖自知」也。惟疾病亦然，人之病弱，決不能以貌測。譬如我等神經衰弱者，有時未嘗不面色充盈，然而腦力竟有不能使用者。自本年一月以來，常患腦眩目昏之症，腦力衰竭，常如無源之水。往往寫一短文，對紙茫然，久久不就，而且思慮不能集中，記憶力亦銳為減退。余之基本工作在於整理文字，長此以往，何能勝記室之任。

△世人視我為愚人亦可，詆我為孤僻、為驕傲亦可，甚至斥我為庸妄亦無不可，然切不可以清靜寧謐譽我，蓋此正我之短處。若問何以能寧靜，能淡泊無競，則請試觀學校內、家庭內之弱兒，往往馴謹無譁，故此僅為我幼年時代身體衰弱所養成之一種習性而已。如有人問我自視為何等人，我只有一語曰「草草勞人」。

△我之入侍從室，十年以來，不敢言勞，不敢乞退，乃實踐我民國十七年對蔣公「只願為公之私人秘書」之諾。我自視只為一個祕書，只為供文字之役之一記室而已。然他人之看法或不然，憶季陶在數年前對余與張文白

言，君二人乃一將一相，余以為戲言。及去夏在黃山，季公又為此言，論古人為相之道，余聞之幾如驚天霹震。若侍從室之地位與職責真為如此，則余謬尸要位，曠職誤事之處必擢髮難數矣。

△今春某日，委座在官邸約餐，亦似有「侍從室應積極盡輔弼之責」之一語，然則委座近來之重視侍從室，乃適與戴君季陶之看法相近矣。顧何人斯，余豈能勝此重荷乎。

△自去年春間，國外輿論受共黨影響，而有顯著之變遷後，我中樞對國事之措置更覺艱難。自此迄今又一年矣，以我國當前之人力，悉力以從事抗戰尚且不遑，而何堪更加以政治上外交上之應付耶。余亦備位中樞之一人，預計今年一年內，有第六次代表大會，有四屆參政會之集會，又須舉行極關重要之國民大會，此皆需有周詳之準備，與各方面之配合，而聽命於領袖之決定者，然余於此配合之道，實又無以為計也。

△近來黨內最大癥結，即為意志不能協同，認識不能一致，彼惡意者之分化吾人，謂為「改革派」、「改良派」、「保持現狀派」，乃至所謂「左派」、「右派」，固不值一哂。然實際上確有兩種相異之看法：一種見解為「鞏固根本為重」，一種見解為「適應環境為先」。此二者實皆有理由，但如只知鞏固根本之重要，而無作法，或只知適應環境之重要，而放棄立場，則兩皆失之，如何折衷兼融而統一之，乃為極重要之事。此一點如無解決之

方，將日日感覺矛盾徬徨之日深，無時不在夾縫中受痛苦。余衰弱之神經，實不禁此憂慮也。

△昔人箴言有曰：「過去事勿追思，未來事勿逆憶」。然在神經衰弱者，則偏偏易於預想未來之憂患。明知其無益而欲抑不能，揆以「思而不學則殆」之義，余如此冥思馳想，其將成心疾矣。

△心有餘而力不足，是人生最大之痛苦；自知短處而積習難移，更是一種絕大之痛苦。

△今年常有一種不能自抑之「自責」、「自棄」心理，屢欲驅除此念而不能，嘗為唯果兄言之，甚覺無以自遣也。

△週來常常夢見先父母，殆憶家之念所感乎？故鄉淪陷，何日收回，思之但有悵惘。

△第二處加強人事之第一步，擬以道藩、芷町兩兄為副主任，余或可騰出時間以辦特交之件。今日始奉書面批准，於心略慰。

△物價與生活影響於職員之工作精神，而第二處第五組所受影響更為顯著。余最不善於督導，而忝為主任長官，睹此散漫情形，痛感自身責任之未盡也。

△連日又患劇烈之失眠，手寒頭眩，不能用腦，尚有三月十二日之文字待撰，為之奈何。

△迭聞委座對於編纂事略之指示，備致不滿之意，以此自省，余曠廢職責之咎戾甚矣。督導無方，啟迪無法，又不常與各編纂接觸討論，亦苦無時間校讀其初稿，

蹉跎因循，此皆余之過也。於孫、王諸編纂何責焉。

△大局日艱，而輔弼無狀，身體日衰，而不能自振，其退乎？將何異於臨危而去之。其進乎？又何以自免於覆餗之譏。上有賢勞之領袖，中有難以協和一致之各單位，下無願共患難而多數盡職之同僚部屬，思之思之，何以善其後？

△神經緊張過度，憂思無計，煩悶而無出路，此心之苦，無人能喻，計惟有作短期休息，稍自排遣而已。

△到山寓以後，神經緊張，略見鬆弛，然而悵念身世，自憾微軀力薄，消極引退之念仍復擾擾於胸中。

△某日與允默閒談，默告我與明兒談話經過。明兒以數學成績不佳，有改學文學或社會科學之志。默謂：「汝父一生辛苦，皆因學文科之故，蓋生不逢治世，最苦者莫如置身於政治。汝既立志學電機，何以忽然易志乎？」明兒謂此或不然，「我不入地獄，誰入地獄！」兒輩乃有此語，余聞之始猛省最近消極之念之非，今後其以此語自儆乎。

△連日克制繁思，屏除雜念，然此事不能勉強，必使此心有所寄託乃可。爰就渝寓取昔年箱篋內文件，逐一整理之。先後費去三天之光陰，身體亦因此略有勞動。整理甫畢，頗覺心緒為之慰安。某日文白來訪，見余案上堆卷夾纍纍，謂：「此何得謂休息，殆休息其名而清債其實乎。」聞此言為之莞爾。

△此次來山中休養，原以十日為期。嗣以委座面

告，可多休養二、三天，且值出發期間，因復延遲二日。
然此來休息，實未得圓滿效果，以山中陰雨轉寒，而余又
不能一概排遣公務不思索也。最後數天，實等於不休息。
今決心提早返渝，先行清理各事。回念委座體貼之深，余
家人愛護之切及僚友相助之雅，今後何可不勉自振作。惟
有澈底改變觀念，努力以赴而已。

1月1日　星期一　陰　五十一度

　　七時起。盥洗畢後，即約叔諒等同至堯廬，舉行侍從室國民月會及團拜禮。錢主任主席，果夫先生及第三處各組長均到。八時儀式開始，今日各長官均未致詞，僅互祝康健，八時十五分禮畢。由第一、二、三處主任偕各組組長到官邸，向委員長賀年。委員長親自下樓迎接，行禮後，命余等略坐。戴君季陶亦在座。委員長今日意態安閒和悅，對余等各詢數語，並道勞苦。八時卅分仍回寓，姪輩來賀歲。九時到國民政府，先在草坪上東向遙拜國父陵寢，繼即舉行中華民國開國典禮並團拜。委員長對文武僚屬諸君致極懇摯之訓詞，歷三十餘分鐘而畢。余出與稚公及各老輩行賀年禮後，委座約談於主席休息室，命將典禮訓詞再加整理。十時卅分歸寓，即照其意略加補綴，俾章節稍簡，而脈絡仍貫通。其間諸友來賀年者均謝絕之，專心修改文字，至二時始畢。唯果夫婦及自誠、乃建等均來略談。四時攜約兒、霸兒同回老鷹岩山寓休息。家人團集，相見懽然，於暮色蒼茫中赴林故主席墓前行禮。夜食湯糰、年糕，與兒輩會集一室，談至十一時始寢。

1月2日　星期二　陰　五十度

　　九時三刻始起。今日山居，乃得暢睡矣。盥洗畢，至舍外散步，略一眺望，便覺此心曠閒，與在城時不同。昔未曾聲明請假，而芷町又不在渝，故不能多留一日也。早餐後邵慧真世侄偕其婿國雋來賀年，談經濟，談物價，

儼然一管家之主婦矣。客去已十一時，乃不及往謁丁先生，即與憐兒、世璽、約、迪兩姪同車歸。先送憐至沙坪壩，十二時抵渝寓午餐。午後小睡至三時許起。祖望攜來函件七、八件，即處理辦發之。接委員長電話，囑詢國訊社發表文字事。傍晚閱六組件、四組件。夜閒談休息。十一時寢。

1月3日　星期三　陰　五十二度

八時卅分起。今日天氣稍暖，昨晚睡眠亦尚佳。九時謝耿民君來談參政會事。旋劉健羣君來談黔省近況及對人事之擬議約一小時。繼而吳體泉特派員來訪，談新疆剿匪軍事與新蘇經濟合作之意見。此君正直精細，其見解多可佩。趙棣華、蕭青萍兩君來訪，棣華談交行業務，青萍談國民大會，直至十二時始去。午餐食麵及饅頭，餐畢酣睡一小時餘。起後為委座起草致軍委會行政院之電令，勉以提高行政效率。毛健吾來談。旋芷町來談。夜處理四組件二疊。十一時寢。

1月4日　星期四　陰　五十二度

八時十分起。盥洗畢，將新年招待盟國軍官演詞（由朱世明起初稿）譯成中文，至十時始畢。原稿有太草率處，修潤殊費苦心也。新任蘇省主席王懋功（棟臣）先生來談蘇省委人事之意見。何孟吾君來談。董顯光、曾虛白兩君來談預算事甚久。上午見客時間太長，談話殊有失檢

者。余之病總在太切直，今日對董、曾談話亦然也。午餐後小睡，不能入眠，二時卅分起。與皮參謀通電話，未接通。三時到教育專門委員會舉行會議，到幼炯、述庭、經農、孟海、子鏡、公展諸人，審查孔誕案一件。四時會畢，順訪亮疇，未晤，與公展偕歸，談約一小時餘而去。約孟吾來商定今晚演詞稿。閱六組件一疊、四組呈件二疊。七時卅分到官邸（果、立、雪、鐵四人同往）晚餐。委座對新聞檢查有指示，又談設置戰時行政會議之事。九時卅分歸，與芷町談至十一時卅分寢。

1月5日　星期五　陰、雨　五十度

九時始起。昨晚睡眠不甚佳，由安眠藥分量不足也。處理四組送來之件，覆賀年電（致國外友人）兩件。又簽呈關於中國哲學研究會加經費之件。十時往龍岩新村訪胡政之君，與之詳談大公報近來言論趨向之不當，有負國人期許與中樞愛護之意。最後向彼建議三點：

（一）國家之根本必須護惜；

（二）不負責任之破壞統一論調與行動請嚴正批評；

（三）事實上不能作者請勿主張。

談一小時餘始別。十二時十分回寓午餐，餐畢小睡亦未熟。二時卅分起，頭痛而腦疲，欲從事文字工作乃苦無力也。閱六組件一疊、四組件二疊。晚餐後往訪季陶，談國民大會等事，十時歸。自誠來談，至十二時始寢。

1月6日　星期六　陰晴　五十度

九時起。昨晚睡較佳，晨興時亦嗜睡，乃至晏起。
盥洗畢，先將雪艇所擬之「戰時行政會議條例草案」加以
研究，並將昨與季陶談話要旨以書面摘告委員長。又研究
從軍青年入伍詞要點。以電話與雪艇接談，未接通。十二
時前亮公來訪，又與研究戰時行政會議之件，其見解與季
陶略同。十二時到官邸，委座今日約五院院長及稚、楚、
鐵、果、雪談黨國要計，決定三月間開六次代表大會，
十一月開國民大會。戰時行政會議，或增置政務委員，交
哲、亮、雪三人研究。二時卅分餐畢歸，小睡未熟，至
四時起。立夫兄及王棟臣主席來談（傍晚季陶來談二小
時）。旋處理六組件一疊、四組呈件兩疊，直至夜十時完
畢。與岳軍通電話。十一時忽有不速之客鄭曼青來訪，一
時寢。

1月7日　星期日　陰、微雨　四十八度

八時卅分起。昨晚睡眠極酣適，晨起精神似極飽
滿。處理文件數件後，十時到交通銀行，詢問黃溯初君之
地址，知其養病於通商銀行三樓，乃往訪之。彼患痰喘腳
腫，但與余閉戶詳談戰局大勢及我國今後因應之法。余覺
其觀察甚廣泛，憂國亦真誠，凡有若干見解，不免受左派
欺蒙有所偏蔽，乃告以中樞之主張與立國原則不可讓之限
度。然終覺此老扶病憂時如此，甚為可佩也。十二時歸
寓，以電話與委座通話。旋中央銀行陳副總裁來談，約十

餘分鐘去。一時午餐畢，小睡極酣。故人黃徵祥之女景昭
來訪。旋閱六組批表一疊、四組件一疊。五時委座約中央
常委茶敘，決定五五開六全大會。七時歸，陳、陶、唐組
長及諸秘書設席祝祖望壽，十時始散。十二時寢。

1月8日　星期一　陰寒　四十八度

八時卅分起。九時到國府參加紀念週，由沈秘書長
報告考核會之工作概況。委座亦有補充之訓示。十時接開
中央常會，總裁主席，決議五月五日開第六次代表大會，
選任魏懷為國府委員。散會後，與子文先生在客廳內談話
約一小時。彼深切關心於財政金融幣制，覺其所見殊扼要
也。今日赫爾利大使遞國書。十一時自國府歸，覺腦力甚
疲滯。午餐後小睡，三時後始起。天寒幾不思作事。錢用
和君來訪，未見也。閱第六組情報件二疊。實之送來第五
次代表大會紀錄，為閱其全文，覺九年前事歷歷在目也。
傍晚芷町來。晚餐後，閱私人函件，又閱外交電八十餘
件。十時後與芷町商理四組各要件。並閱羅志希兄意見
書。治事至夜深，十二時後寢。

1月9日　星期二　陰寒　四十八度

八時卅分起。昨晚睡亦酣，而今日精神不暢，以夜
中屢醒故也。將昨晚遺留之四組各件再為詳加批註送還。
又呈上報告兩件，發私函數緘。至十一時乃覺頭腦昏暈，
胃部欲作嘔，登床假寐休息，仍未能熟睡。至二時起午

餐，餐畢擬著手文字工作，然遷延不能動筆，濡滯若此，殊亦不自解何以至此。總之今日為工作最無成績之一日也。接允函、皚函。閱六組呈件一疊，代批四組公事呈件一疊，又閱四組件一疊。乃健來談甚久。發龍志舟電。林赤民之子明日從軍入伍，雪其父附逆之恥，專誠來謁，接見而慰勉之。夜與六弟談話。約王芸生君來談。至十二時卅分就寢。

1 月 10 日　星期三　陰、甚寒　四十七度

八時卅分起。昨睡尚酣，精神較暢，但腦力仍疲弱。昨與芸生談，意猶未盡，今晨並作一書詳言規勸之。我固望大公報成一中國之泰晤士報也。十一時後著手於某一文字工作，僅成上半段，構思頗苦。午餐後仍依例假睡，至二時始起。正擬繼續動手撰寫文字，適接委座批交審查之件，事情複雜，研究甚久（為審訊新疆案犯事），並約乃建來，共同商討。又辦理雜事數件，閱六組呈件一疊、批表數件，發私函數緘。接默函。閱四組呈件數件。七時卅分到官邸敘餐，果夫、厲生均在座（立夫未到）。商談代表大會事，歸閱批表一疊，與芷町商事。十二時寢。

1 月 11 日　星期四　陰、寒甚　四十六度

八時十五分起。昨晚睡較酣，而晨興特早，覺有腦暈嘔吐之象。延朱醫來為打Ciamin 一針，始覺稍癒。上

午覆允默函，致雪艇函，又發宣傳部代電。新委楊壁城為五組中尉司書，張瀛階亦提升一級。十一時五十分寫就文字一段。午餐後小睡時間較短，然極沉酣，安眠藥之效也。擬寫文字，而委座電話及各方接洽事絡繹不止，為之中輟，殊覺悵然。趙祖康工程師來訪。卜道明司長繼來訪談新疆事甚久。六時後始稍閒，閱第六組呈件一疊，批辦機要組呈件文一件，閱第四組公文十餘件。晚餐後芷町來，與吳主席、張岳軍主席分別通電話。處理四組件。十一時寢。

1月12日　星期五　陰晴　四十八度

八時卅分起。盥洗，閱報畢，即著手撰寫青年遠征軍入伍訓詞，至十二時五分完成。其間因立夫來訪，接洽蘇省黨政人事之件，為補辦代電一件，致工作中斷四十分鐘。文字工作最怕中途有事干擾，然而無可如何也。午餐畢，一時小睡甚酣，夢還家，見五妹及諸甥，蓋積想所致。三時醒，複閱繕就之文稿，再加修整。又閱六組呈件兩疊、四組批表一疊。五時潘仲三主任來訪，與之詳談川省各事。此君樸質而感應較鈍，不如鄧晉康之明白曉暢也。夜覺疲甚，閱四組呈件三件。實之來談，旋芷町來談。呈送外交部關於新蘇合作之件。十一時洗澡就寢。

1月13日　星期六　陰晴　四十八度

八時卅分起。昨睡極酣適，但至四時即醒，久不入

睡，六時後又矇矓入睡二小時，起後覺頭痛，又似有嘔吐
之感覺。十一時朱仰高醫師來，為注射 Ciamin 及 N. Hom
各一針。午前辦發雜件五、六件。午餐後似覺精神復原，
小睡一小時餘，至三時始起。有腹瀉，下黏液狀物。擬往
謁委座有所陳述，而未果也（以委座見魏特邁將軍後即赴
黃山）。毛君慶祥來談甚久，為中法生產技術合作事。閱
第六組批表二疊、呈件一疊。六時自誠來談，欲余助成其
出國之志願，晚餐後去。閱四組呈件二疊、發文一疊。夜
精神不甚佳，與明兒談話。十一時就寢。

1 月 14 日　星期日　陰　仍寒　四十九度

　　八時四十分起。昨睡似尚佳，閱各報及參考消息
後，到聚興村訪魏文官長子杞，值高睡未起，坐待十五
分，與陳子範之幼孫談笑。旋魏君出見，奉命告以人事更
動事，談十五分鐘而出。往訪潘仲三主任於其寓所，先與
潘昌猷談醫理，繼與仲三談政事，約一小時而歸。與皋、
明、樂諸兒談話。韓國臨時政府主席金九先生（同來為濮
純君字精一）來訪，談卅分鐘去。午餐後小睡至二時四十
分起，理公私函札二十餘件，閱四組呈件二疊，共十六
件。晚餐後再閱四組件一疊、六組件兩疊，作函五緘。至
十一時卅分寢。

1 月 15 日　星期一　晴　五十度

　　八時起。九時到國民政府出席紀念週。今日由林部

長雲陔報告審計工作，語極詳備。委座並補充訓示。十時
十分開國防最高委員會一五二次常會，討論例案卅餘件，
通過戰時政務委員會之組織及任命吳鼎昌為文官長。十二
時散會，即至官邸陪客，並參加參事會報。今日到左舜
生、江庸、王雲五、張伯苓、莫柳忱、冷遹諸人。會畢，
委座與左舜生談數分鐘。二時卅分歸寓小睡，至四時許
起。對政務委員會事甚不放心，與雪艇通電話。彼對此事
似不欲再加研究。汪日章來訪，談卅分鐘去。旋李唯果兄
來談。唐乃建組長來談。七時卅分到官邸，與屬生同被約
晚餐，談行政院諸事及北方黨務事。九時歸，屬生同來，
芷町亦在寓。屬生健談直至十一時卅分去，閱五組件。
十二時卅分寢。

1月16日　星期二　晴　五十一度

八時五十分起。昨晚以談話過久，太興奮而失眠（安
眠藥等于無效），約僅睡四小時，故起後頭暈而欲作嘔。
閱報後核閱第四組呈件一疊，又研究政務會之件，精神不
繼，未能深思。鄭彥棻君來，乃不克面見談話也。委座
詢宣傳之事，答以俟方針步驟定後再併辦為宜。午餐後小
睡又不熟，二時即起。朱醫來注射N. H. 及Ciamin針。今
日起又服金誦盤之中藥。寫關於新疆案簽覆之報告，疲甚
再睡，至四時卅分起。滄波來訪，未及與談。往訪亮公，
商政務會規程。遇黃旭初主席，略談而歸。唐乃建君來詳
談。謝耿民來談。八時十五分晚餐畢，希聖來詳談，實之

來談。處理四組件。芷町來談。十一時卅分寢。

1月17日　星期三　晴　五十一度

九時許始起。昨晚睡眠亦不甚佳，今日仍不能用腦。上午複閱新疆案之簽覆件，並改擬第六組送來駐新審判團請示之件，甚覺費時費力。午餐後小睡，約二小時許，始將睡眠補足。研究代表大會之件，囑實之搜集材料。閱六組件兩疊、四組件一疊。接允默來函，即覆一信。為人作介紹函數緘。今日下午中央委員談話會，未暇赴會。五時卅分實之來報告大概。六時到中央黨部參加吳秘書長之約會，商代表大會事。九時散，約康兆民君同回寓，談一小時去。芷町來談往見宋代院長之經過，十一時卅分去。十二時睡。

1月18日　星期四　陰　五十一度

八時卅分起。昨晚睡甚酣，想係中藥與打針之效也。晨起時精神較爽，稍遲乃又覺疲滯。閱六組昨晚留呈件一疊、批表一疊，又四組件一疊，又閱四組批表一疊，皆甚複雜難處。頗覺芷町心已騖外，其志漸荒矣。唯果來談，約一小時餘而去。午餐後小睡又極沉酣。室內開電爐，故暖氣襲人不易醒，三時一刻起。朱醫仍來為余打針。魏文官長來訪，談卅分鐘而去。許、周兩局長均擬辭職，余甚惜之。舊人漸衰，新者未起，奈何奈何。傍晚閱一週來之私人函札，核定講詞一篇，閱談話記錄一篇。夜

處理四組件一疊，甚費時間。閱六組本日件一疊。自誠來
談甚久。十二時寢。

1月19日　星期五　晴　五十二度

八時一刻起。今日稍暖和，睡眠已足，精神較暢。
九時到中央黨部出席商討六全大會之會議。十時委座約往
談，對第二處之業務及人員任用方針有所指示。為蕭秘書
請示應否令其出國進修，委座似無允可之意。十一時再至
中央黨部，決議組織法與選舉法之草案，並討論議題。
十二時散會歸。午餐後又小睡極酣，而多奇夢，知睡眠甚
深也。閱第六組呈件。滄波來談。邱永清（遼寧人）君來
談。傍晚核發賀羅總統就職之電，核閱六組、四組件各一
疊。夜與張岳軍主席通電話，又與六弟等談九妹婚事。
十二時寢。

1月20日　星期六　陰　五十度

八時卅分起。今日天氣較寒，昨睡雖酣，而畏寒特
甚，可見體力漸衰也。九時余井塘兄過訪，談代表大會諸
事，約一小時餘。以有若干問題急待商決，與吳秘書長通
電話後，請委座約集諸人面加指示。奉諭約午刻會談，乃
為轉約諸人。十二時到官邸，計列席者鐵、屬、果、文、
星樵、井塘、兆民及余共八人。午餐後委座詳聽諸人報
告，指示原則，二時始散。歸寓午睡。（夢見大哥其顏容
如五十歲時，地點似為重慶一旅館，似上海之一品香，余

以遊公園，而始知大哥在此，即往叩謁，及門即驚呼大哥，揭帷出迎，狀極和藹而親熱。手足相見，渴欲一道別緒，但余之兩足忽麻木無力，不能上台階，大哥笑謂，何不上來，余竭力掙扎而醒。醒時猶戀戀於此夢，嗟乎骨肉死生之戚，何日忘之乎？）三時卅分醒，舊教部同事徐逸樵君來訪，其意欲為參政員，此則余所不能為力者也。委座索閱團綱，囑祖望檢呈之。為金省吾君請醫藥補助費（為其妻之藥針費），不知分寸，對祖望直言駁斥。自是心境不怡，精神亦疲憊，不能自振。芷町三日不來余處，其心思旁鶩可之。自五時卅分起，閱四組呈件一疊、批表一厚疊。又閱六組呈件一疊，本無繁難之件，而處理極緩慢，至八時卅分始完畢。皋兒歸家，與之略談近況。十時洗澡，十一時寢。

1 月 21 日　星期日　陰　五十二度

八時三刻起。昨睡較酣，今晨精神略佳。盥洗畢，辦發致吳秘書長代電二件，為代表大會籌備委員會事也。閱今日各報，我軍完全克復畹町，中印公路暢開，殊可喜也。十時芷町來，與談兩日來各事，並告以十九日與委座晤談之經過，蓋是日余以子文擬約芷町任秘書長之事報告委座，而委座謂芷町長處甚多，但不宜任秘書長也。午餐後又與之談半小時，一時小睡，至三時始起。閱六組件一疊、四組件八件。核改訓詞紀錄稿：

（一）到陸大將官班訓詞；

（二）青年軍幹訓班訓詞。

至六時卅分始畢。七時晚餐後，與六弟談中央日報事甚久。今夜殊懶散，不欲做事。十一時寢。

1月22日　星期一　陰　五十一度

八時起。九時到國民政府參加紀念週，與鐵城、雪艇諸君談話，並與辭修談話。九時十五分典禮開始，由賈部長報告卅三年度銓敘部工作之經過，縷縷陳述，致有條貫，此君治事之認真，甚可佩也。主席繼有補充訓話。十時卅分歸寓，十一時盛晉庸部長來，談郭任生事及新疆案處理之意見。十一時卅分黃旭初主席來訪，談約卅分鐘而去。午餐畢，小睡至二時即醒。研究新疆案批表呈覆之件，約乃建組長來談久之。旋蕭化之君來談約卅分鐘。四時五十分動身回老鷹岩。夜閒談。十一時卅分寢。

1月23日　星期二　晴　五十五度

八時五十分起。昨睡尚佳，晨起，天氣晴朗，精神頗暢快。周副官來見，囑其在此各事應妥為照料。十時許由老鷹岩起程返渝（今日為十二月初十日，允默之生辰，本擬多留半日，盤桓園林，以重慶有會議，不能不出席，乃提早返渝）。途中空氣澄鮮，微風拂拂吹人，頗有初春景象，此心頗為怡適。十時三刻到渝，即至中央黨部參加十九人之審查委員會，審查代表大會之組織法與選舉法。首由吳秘書長主席，繼由楚傖先生主席，對代表總人數問

題，覺支配困難，決定請示總裁，改為照五屆增加三分之一（原定增加四分之一），並討論各條，至下午二時始畢散會。即在中央黨部午餐。會畢回寓，小睡至三時五十分起。接甘副秘書長及王雪艇君之電話。甘為交通部事，王為對印緬國軍廣播事也。許孝炎君來談。自誠來談。處理四、六組件各一疊。乃建、芷町來談。七時卅分到官邸，今夜委座約本室組長以上同人會餐。席間指示謂，侍從室各單位處事謹慎細密，守成有餘，而開展不足，今後應積極推展業務，並應汲引人才，加強對各方聯繫。此與卅二年二月之訓話詞旨略同，余只愧個性不宜，體力精力不足而已。厲生來談。芷町亦來詳談。十二時寢。

1月24日　星期三　晴　五十四度

八時起。今日天氣和暖，但昨晚以心中有事。睡眠不酣暢。晨起以後，仍縈念侍從室工作之調整事，甚感不怡。我本不願參加黨政方面任何重要之工作，初意只願為新聞工作而服務以終其身，蓋自知體力不夠，精力不夠，個性既拘謹，又怕煩，本無經綸，亦更無獻替與積極貢獻之意也。我之許身於蔣公，自十七年在督署內花園：「他無所願，只願為新聞記者，必不得已，亦只能為鈞座之私人秘書」之一諾為始。由此一諾，自謂不可失信，故二十三年在浙教廳時來電見召，既以「文字工作需兄佐理」為詞，義不得不應命。亦因此，對故二十四年侍從室二處主任之命，所以甘受而不辭，且扶病忍苦以至於今

也。今若責以開展，望以積極，則如驅蚊負山，其為枘鑿，蓋可知矣。然蔣公既公開言之，我又不便漠然置之。無已，其及早引退呼。上午辦發文件數件，分配文件三件。李唯果兄來，與之談心，良久而去。午刻羅佩秋兄來，午餐後小睡至三時卅分起。四時到紅岩村訪吳達詮文官長，談一小時許而歸。以手諭交辦件一件交叔諒。閱六組件三疊、四組件兩疊，夜研究國民大會之件。九時許芷町來談，表示與余同去留，其意可感。校廣播詞稿之譯文。十二時寢。

1 月 25 日　星期四　陰晴　五十六度

八時卅分起。今日天氣似更暖和矣。晨起後考慮中央日報之事，真感處置之為難。修改為中印公路開通之廣播詞。作私函數緘。十時到堯廬慕尹主任處小坐，談本室情形及趨勢。其時文白、子文、雪艇三君正在官邸談話，以周恩來昨日來渝也。十時五十分始往官邸，舉行情報會議，各單位報告畢，委座有指示，並通過提案四件。十二時卅分在官邸會餐，到果夫、文白、辭修、鐵城、井塘諸人，談代表大會事。二時歸寓小睡，至四時許起。委座約往談話，以文官處事及中央日報事略為報告。奉交下改定之廣播稿，攜歸整理，即送雪艇照改正英文稿。六時驪先來談，對黨務不無戀戀，其實何必也。七時卅分陪達詮往官邸晚餐，九時歸，理六組件三疊、四組二疊。十二時卅分就寢。

1 月 26 日　星期五　陰　五十二度

八時卅分起。昨晚睡眠又不甚佳，晨興以後，頭目略有眩暈，做事無精力。勉理文件四、五件，閱代表大會之組織法、選舉法。十時許有范君樸齋來訪，滔滔談論民主同盟之內容，此人為本黨黨員，自謂將盡力使該同盟不為中共之附庸，聆其言論頗有縱橫家之習氣（此人係康兆民、賀元靖所介紹），十一時卅分始去。委座為中印路開通，命擬致蒙巴頓賀電，交李秘書撰擬之。午餐畢小睡又不熟，三時起。核發電報，閱手諭十餘件。今日臨時常會，討論代表大會組織選舉法，上、下午均開會，決定代表總名額為六百人，以決議詳情報告於委座。四時卅分力子來談，六時卅分去。其間唯果亦來談。閱六組批表呈件各一疊，夜閱四組批表等件一疊。芷町來談，與望、諒談。十二時寢。

1 月 27 日　星期六　晴　五十三度

八時卅分起。昨晚睡眠仍不甚佳。料理積件三件。兩次往訪稚暉先生，談二十分鐘歸。閱本日各報，粵漢路戰事愈緊，贛省亦被進迫，東南路線恐更將隔斷矣。對盛晉庸所請之新疆案件審理事，再作簽呈一件，並代擬函稿一件呈閱。十二時卅分午餐，接允默來函。一時午睡未熟，至三時乃起。為新華日報登載二十六日民主同盟宣言，與新檢局接洽，詢問詳情。核閱六組件一疊，四組件兩疊，核定考績之案。四時偕稚公渡江至黃山，五時到

達，住桂堂東樓。七時到官邸晚餐，談至十時歸。與稚公
續談，直至十一時卅分就寢。

1月28日　星期日　陰晴　五十二度

九時一刻起。昨晚睡足八小時，今晨精神較佳。黃
山空氣澄鮮，環境幽靜，殊可愛也。九時三刻到官邸，進
早餐，委座與稚公略談後，即同至舍外散步，到桂堂坐談
二十分鐘而去。余侍稚公談話，直至十一時卅分始畢。退
歸室內，料理文字工作。十二時一刻到官邸午餐，又侍談
久之。今日廢除午睡，為委座重校改正知識青年入伍訓
詞，即交自誠設法印發。又閱四弟代擬之件。四時隨委座
及稚公同車返渝。閱六組件兩疊、四組件兩疊。乃建來
談。夜唯果來長談。閱國防會議案。十二時寢。

1月29日　星期一　晴　五十二度

八時卅分起。盥洗畢，即至國府參加紀念週，今日
社會部谷部長報告赴黔工作之經過，其任事精神堪為吾黨
生色。十時禮成，十時卅分開國防會一五三次常會，以戴
院長未到，其所提之官職分等法俟下屆再討論，故議案較
簡，約一小時即畢。回寓後劉季生君來談海外代表產生方
法之意見。午餐後，一時小睡，至二時卅分醒。三時參加
本室區黨部執行委員會議。歸閱第六組件一疊，並閱本日
之報紙。七時到官邸陪客晚餐，到稚、溥、煥、伯南、五
院院長、亮疇、果夫及魏、吳兩文官長，席間委座發表赫

爾利斡旋中共問題經過，各委員亦有發言者。九時卅分歸，月明如晝。自誠來談。十一時卅分寢。

1 月 30 日　星期二　晴　五十一度

八時一刻起。昨晚睡眠尚佳。盥洗畢後致錢主任函一件，又辦理雜務數件，覆魏文官長代電一件。近日零星交辦之件太多，未能集中精力，以思考重要問題，殊為悵悵。程天放兄來訪，探詢政聞，並談中央政校諸事，十一時卅分去。余乃抽暇改正為林桂圃同志所作之序言，其初稿乃叔諒所擬也。午餐後小睡至二時一刻起。道藩來訪，值余午睡，未及接談。核改告河北省同志書，吳延環（冀省黨部委員）所請也。傍晚閱四組件兩疊、徐佛觀意見書一件。夜閱六組呈件一厚疊。閱霸侄文課，甚喜其有進步。處理半月來之私人函札，作覆函八緘。直至十二時就寢。

1 月 31 日　星期三　陰　五十度

八時起。昨晚雖服藥，而睡眠不酣適，亦不自知何故，殆以心中有事，故早醒不能復睡也。以電話詢周秘書，知委座致盛晉庸函已親簽發出，乃親擬致朱長官、吳主席電稿及覆何總監代電稿。將前次委座交下審核之件一併送第六組繕發。新疆案件之處理，自此乃得一明確之指示。又作私函二緘，致邁兒軍營中一函。十一時嚴慎予君來談國民政府文官處各事，詢其是否有意辦報，彼笑而不

言。處此時局，人人皆視新聞事業為畏途，嚴君恐無此勇
氣也。午餐後小睡亦未熟，近來如夜眠不暢，則午睡亦不
佳，已成慣習矣。勉強合眼，約半小時即醒。研究第六次
代表大會之意義與目的及其使命，擬交希聖共為斟酌。此
題目太大，不易著手，然委座之命不得不勉為之。三時王
懋功主席來談淮南行署預算之事，以告河北同志書改正稿
呈委座核閱。四時到中央黨部參加吳秘書長召集之小組審
查會，聽取各方對民主同盟之報告，研究對策，亦無良
法，交換意見甚久，至六時卅分始散。回寓後改定林序
（林桂圃著書出版索序），閱四組批表十二件、呈件四
件。夜閱六組呈表一疊，核辦六組考績案。芷町來談甚
久，直至十一時卅分去。十二時寢。

2月1日　星期四　陰　五十一度

八時卅分起。辦理昨日未了之案牘三、四起。閱報知蘇軍攻入奧得河谷，距柏林僅六十里矣。十時卅分到堯廬參加區黨部委員宣誓就職典禮（國民月會合併舉行），軍委會特別黨部派張文白君來監誓，全體執監委員均就職，並攝影。十一時卅分禮畢，與果夫、慕尹略談而退。十二時午餐後，仍小睡二小時。閱四組昨日呈件，簽擬三件，定明日送呈之。張子揚君來訪。旋劉澤榮君來訪。閱六組呈件一疊。七時卅分到官邸會餐，到鐵城、果夫、立夫、達詮、天翼、雪艇及余七人。席間商談時局，檢討各黨派動態。委座對於如何加強本黨力量及密取外界聯繫，頗多指示。責望同志甚殷。十時始散，考慮今後工作，深思甚苦。十一時寢。

2月2日　星期五　陰　五十一度

八時卅分起。昨晚睡足七小時以上，而今晨又戀床不能早起也。聞委座有飭令檢討本室工作之手諭，尚不知何以應之，殊感煩悶。其實第二處亦無可檢討，我雖盡心盡力，而終未能達到上面之期望，只自慚疚耳。董為公君來談，約三刻鐘，覺其見解不錯。彼將去荷蘭任大使，特勗勉其努力。十一時發王秘書長代電一件。午餐時實之來報告各事，余席間有甚不當之失言，殊自後悔，然駟不及舌矣。感觸多端之時，應以慎言為戒，後當誌之。午餐後小睡，至二時卅分起。洪次長偕最高法院院長夏勤來談，

余對之頗有規益之語。胡健中來談報事，異常麻煩，六時
後始去。閱六組件二疊、四組批表呈件共三疊。夜貴嚴市
長來談。改講稿一篇。作函五緘。十二時寢。

2月3日　星期六　陰　五十一度

　　八時卅分起。昨晚睡眠尚佳，但近日心緒繁亂，晨
醒後即不能復合眼，故睡眠時間實不足也。上午閱報後辦
理交辦事件三件，又研究本屆參政會之件。接胡健中君
函，有擺脫中央日報之意，余殊無法慰之。向午約希聖來
談甚久，侍從武官吳文芝、阮維新來謁談，阮君華陽人，
留學英美軍事學校，今日到差，故來見也。明、樂兩兒來
談，樂兒擬改入普通班事。一時午餐畢，小睡一小時餘。
三時錢新之君來訪。三時卅分厲生兄來談行政院事。知宋
先生銳意負責，面諭各部會長官不得以公事率呈委座。此
自當然之理，然與委座向來理事之習慣不同。約芷町來共
商之。厲生六時始去。閱第四組呈件兩疊、六組件一疊，
又批表一件。夜乃建來談。核改農民節訓詞。孟海留談甚
久。十一時卅分寢。

2月4日　星期日　陰　五十度

　　八時十五分起。猶嫌勉強，似睡眠不足也者。六弟
謂我服安眠藥過多矣。閱報後與子姪輩談話。皓兒自政訓
班歸來，觀其心情安定愉快，謂畢業後可請求學習砲兵觀
測，甚以為慰。十時卅分後考慮侍從室如何加強機構之問

題，愈思愈不得端緒，擬寫一自我檢討，忠實報告於委座。蓋余入侍從室服務忽已十年矣。午餐後小睡至三時許起。擬寫之報告仍未能著筆，乃中止焉。陳慶雲部長來談海外部事，約三刻鐘而去。傍晚意緒紛如，約希聖來談。九時後閱六組、四組件各一疊。十一時寢。

2月5日　星期一　陰、寒甚　四十七度

八時十五分起。九時到國府參加紀念週及吳文官長就職典禮，遇鄒海濱先生，約余談美海軍副武官金柏請見委座事。十時卅分歸寓，王子壯君來談，傳丁先生之意，為財部某君說項。又談監委會工作，約半小時去。辦四組件八件，作簽呈一件。午餐後小睡至三時許起。羅佩秋君來談關於侍從室業務擴展事，約卅分鐘。熊天翼來談約一小時。發出致李任潮電。周秘書宏濤來談。閱第六組呈件一疊、四組呈件一疊。晚餐後蕭秘書來談，攜來見客時面呈件十餘件，甚為紛紜複雜。今晚精神不佳，殊無暇整理。九時芷町來，處理四組件十餘件，疲乏已甚。十一時道藩來訪，談黔省近情及他事，一時卅分去。二時就寢。

2月6日　星期二　陰、寒甚　四十六度

晨六時許即醒，大有失眠現象，心煩不能再睡，七時起。辦理蕭秘書留呈之件，批閱一半，大感疲憊，乃再就睡，至十時十五分起。十一時往謁委座，談二十分鐘。陳明自身衰弱不堪任事之情形，並報告處務概況。歸寓午

餐後，與明、樂兩兒談話。小睡至三時餘起。天氣更寒，
瑟縮不可忍。中宣部魏紹徵君來談一小時餘，為華西日報
之事也。五時後閱六組呈件，研究手諭飭辦之件。六時芷
町來。七時卅分到官邸會餐。委座對侍從室業務更張有所
指示甚詳。謂今後業務不應以專辦公文與文字為主，此語
乃余第一次聞見者。十時歸，與芷町商談。十一時健中來
訪，直至十二時卅分始去，乃就寢。

2月7日　星期三　微雪、寒甚　四十五度

凌晨又早醒，強睡至八時卅分起。閱六組批件一
疊、呈件一疊，又接手諭二紙，錄而存之。連日委座督促
工作之嚴，可云以前所未有，余羸弱就衰之年，兼之性就
閒定，最怕繁劇當衝，何能堪此重荷。此數日來，常為此
一念所苦，而殊無以自脫也。約六弟來談中央日報事，其
內部之僵持，亦為以前所不及預想者。午餐時餉諸姪以年
糕，聊應年景。午睡至二時卅分起，天氣更寒。委座電
話，命約吳德生來談。閱六組本日呈件，有甚費腦筋者。
又閱四組件二件。乃建來談。芷町來晚餐。餐畢後閱四組
批表一疊，呈件及手諭一疊，處理呈件八件。與芷町商組
務改革，不得要領。十一時卅分寢。

2月8日　星期四　飄雪、寒　四十三度

晨六時前即醒，連日為本室業務加強之事，苦思冥
索，又苦無可相共商討之人，影響腦筋，影響睡眠，夜不

能寐，甚感疲乏。長此以往，真將促成心疾矣。今日上午
就本處加強業務事及與一處、三處之關係分析研究，仍感
更新之毫無把握。向午張屬生君來訪，與之詳談一小時
餘。彼言聯繫地方黨政極應慎重。午餐時朱醫來打針。小
睡未熟，服安眠藥一丸，乃睡至三時三刻起。核發代電一
件及致吳文官長函一件。章行嚴君來訪，談法律案，六時
去。閱四組呈件五件、六組呈件一疊。與芷町談話。七時
卅分到官邸，參加慕僚長會餐。先單獨入謁委座，報告數
事。八時會餐，談黨派形勢與工作檢討之要點。九時與
果夫至慕尹處會商。十一時歸寓，閱要件數件。一時許
就寢。

2月9日　星期五　微雪、陰雨　四十四度

六時即醒，七時卅分起。閱軍委會提高效能檢討表
一件，又提高政效調整機構之意見書一件。此兩件甚冗
長，閱畢心有未安。致賀元靖一函，均交四組辦發。十時
卅分約希聖來談，彼今日意態激昂殊甚，以昨日出席中宣
部社論委會，認為雪艇之國際政策太不當也。王、孫、袁
三編纂來談。十一時十分乃建來談，為財部某案簽擬意
見。如是碌碌，直至十二時始畢。午餐後甚寒，睡約一小
時許，亦未熟也。與四弟談業務，交辦手諭兩件，分致陶
君及王冠青。宇高旋亦來見。聞健中來，未遑見也。六時
到中央黨部，出席參政會選舉委員會，討論各案，審閱名
單。七時晚餐，八時卅分歸。曼曇來談。閱六組件一大

疊、四組批表呈件各一疊。十二時就寢。

2月10日　星期六　陰雨　四十五度

　　昨晚一時入睡，因咳嗽而驚醒，五時後即不能入睡，加服Amyt一丸，亦無效，七時強起。作事約一小時餘，奇寒襲骨，腦部眩暈，九時再睡未熟，十時一刻再起。研究工作檢討之件。十一時到文官處，與達詮商總檢討會議之件，約半小時歸。吳德生來談，其暇豫之情可羨也。午餐後小睡至三時醒，淹滯不欲遽起，四時許始強起。胃部不寧，屢欲作嘔。連日身心痛苦極矣。傍晚作簽呈一件，為文告事。六時自誠來談。旋芷町來談處務，浩氣如雲，余殊愧不如。健中來談報社事，絮絮陳述，約一小時去。夜處理四組件，並閱六組各件。十一時就寢。

2月11日　星期日　上午晴霽、下午陰寒　四十四度

　　九時許始起。今日睡眠充足，精神較佳。早餐後約六弟來，勸其對中央日報打消辭意，以健中已坦白表示，將積極負責也。事畢起草本室工作檢討意見及改進意見，係應錢、陳兩主任之囑，根據八日晚會談結果而撰擬之。然余實無此自信，以二處業務今後更繁，恐非弱軀所能應付也。分配四、五組各友舊年節補助金及工友等慰勞金。十二時卅分畢。午餐後約明、樂兩兒來談。一時後小睡，至四時許始起。承命以電話洽瑣事兩件。傍晚作函數緘，閱六組件一疊、四組件一疊，又處理私人函札十餘件。十

時卅分工作畢，子侄輩來談。十二時就寢。

2月12日　星期一　陰　四十五度　陰曆歲除

　　八時十五分起。九時到國府，與宋代院長、戴院長等談話後參加紀念週。宋先生報告去年行政設施，十時畢。與騮先略談。接開一五四次國防常會，討論考試院件，決保留至下屆再議。此外決議例案二十件，十一時散會。約果夫到美專街商簽呈文字，並談代表大會事，十二時卅分去。午餐後小睡至三時卅分起。憐兒來家，笑談極驩。忽學緯內侄持志誠弟電來，謂外姑於上月九日逝世，憐兒痛哭失聲，余亦感傷不止，從此再無愛護吾人之長輩矣。致俞濟民專員一電，託轉致慈谿，慰志城、仲未兩弟。下午因此頗悒悒不怡，遂決定不回山洞矣。自誠來談。旋芷町來談調整機構事。閱四組件、六組件各一疊。夜集家人閒談。卒歲。十一時卅分寢。

2月13日　星期二　晴陰　四十六度　乙酉元旦

　　七時三刻起。陰曆歲旦，各機關休息，余亦不作事，休息一天。然來訪談者甚多，親屬來賀年者，有昌扈攜兒丹波、汲青夫婦攜兒長風；同事來談者有曹聖芬、應厚荑諸人；親戚族人有積鑣、永締；此外張劍峰來談卅分鐘；雨農來談三刻鐘；凌鴻勛次長及趙曾鈺司長來談二十五分鐘；又王治易（重慶衛戍司令）、唐令果來談卅分鐘。一時午餐，忽動歸省家人之念，二時料理雜件四件

畢，即攜樂兒歸老鷹岩寓。允默臂痛未已，鎧兒自營歸，又皋兒攜女友邱君來山寓。往訪鼎丞先生，談一小時餘歸。六時卅分晚餐。夜閒談，十時卅分寢。

2月14日　星期三　晴陰　四十五度

九時許始起。昨晚乃得暢睡八小時，可知環境變易，工作休閒，為我療病之方也。飲羊奶一杯，為鎧兒講軍中注意事項。函二〇一師戴之奇師長問候。十時二十分挈樂兒由山洞起程到南開中學，視細兒未晤。十一時卅分回渝。今日克里米亞三國會議公報發表。閱六組件及私人函札若干件。午餐畢，芷町來談，意興頗豪，討論處務至二時始去。其間蓋弟來訪，商定四月中旬為外姑設奠。唯果來談。細兒下午回家。三時到國府開茶會，對總檢討會議事作初步商洽。到王、甘、吳、狄、沈、李、雷、熊、邱、張、賈、林、汝梅、賀（元靖）等十餘人，至六時許歸。閱六組批表、四組批表，六組、四組呈件各一疊。夜讀各報社論。約細兒、憐兒來談話。十一時就寢。

2月15日　星期四　陰　四十七度

八時三刻起。昨晚睡足七小時，晨起精神尚佳。辦發致吳秘書長及葉委員楚傖代電，為研究國民大會事。又核閱葉委員原送之意見書一件。閱葉秘書送來十二日談話會紀錄一件，核辦黃仁霖簽呈一件。閱各報對三巨頭會議之消息。起草述明檢討本身缺點之呈函，未及半而中止。

午餐後午睡約一小時餘醒。閱六組批表一疊、呈件一疊，核讀主計處去年度工作報告一件。今日神思又繁悶不怡。冠青擬新運紀念代電，僉不合格式。此人有美質，而遇事不細心，殊無多大希望。傍晚立夫來談一小時，多可引起不快之感覺者。晚餐後約細、憐兩兒來談話二小時許。續閱四組件及私人函札。十一時三刻寢。

2月16日　星期五　陰、下午略有晴意　四十六度

八時卅分起。閱昨晚未完畢之四組件，填註黨部工作人員考績表（唐總幹事）一紙。閱各報對三國會議之論評。接希聖關於充實五組業務之意見一件。為立夫兄作函一緘，為李涵礎事。十一時卅分委座約往談，詢余身體狀況，繼謂魏德邁與赫大使均將回美一行，囑擬問候之函四件（二件致羅總統、一致馬歇爾、一致史汀生）。十二時卅分參加參事會談，二時始畢。歸寓後小睡至三時起。四時陳慶雲部長來談，四時卅分去。核閱紀錄一件，係委座二月十三日與周恩來之談話。辦發覆納爾遜一電。五時後約唯果來，合作起草致羅總統函稿二件，致馬、史各一件，均中英對照，九時許始完畢。核改新運紀念通電一件。十一時芷町來談。十二時就寢。

2月17日　星期六　上午晴暖、下午陰寒　四十八度

八時卅分起。閱報載孫哲生先生論一般政治之談話，明白曉暢，不忘革命建國之根本，甚為可喜。劉澤榮

特派員來訪，談卅分鐘而去。十一時羅耀東君來訪，勸其
聯絡國外教會人士，促進英美對我國策之諒解。客去後忽
患腹瀉三、四次，神疲頭痛，畏寒不止。小睡至十二時起
午餐。餐畢再睡，腹瀉不已，下午又水瀉四次。為修改致
外國政軍當局函及校改新生活運動代電事，不得不強起料
理。四時卅分再睡。周秘書送來委座交存件（上寫經兒保
存，已封固），與委座通電話二次。傍晚一次係自睡中驚
醒，命再擬致麥克阿瑟與尼米茲兩函。余實疲甚，不能作
事。芷町來談，亦無心與之應對。九時約唯果來合作，
十一時函稿寫成，十二時寢。

2月18日　星期日　晴、午後陰　四十八度

九時起，服皋兒所開藥方後，水瀉已止，腸炎亦略
癒，但昨晚睡眠仍不佳也。將新生活運動十一週紀念通電
稿再度加以整理，不再送呈核閱，以節委座之繁勞。又囑
孟海等繕寫致麥、尼將軍函稿，祖望攜英文件再送亮公核
改。今日上午頭痛略癒，朱仰高君來再請其打N. H. 針，
擬打滿二十針。午餐後小睡起。 委座電話，命擬發安諾
德空軍總司令函稿，時間迫促，再請唯果來相助，於五時
卅分畢，六時送去。核改蘇聯紅軍節二十七週年賀電。閱
第四組呈件、第六組呈件。七時晚餐，七時卅分率子姪輩
赴本室區黨部新生活晚會，聽平劇群英會，未畢而先歸，
與細兒、憐兒談話。十一時卅分寢。

2月19日　星期一　陰　五十度

八時卅分起。出席紀念週，蔚文、陸東、秀峯等約談話，今日典禮時，由孫哲生院長報告去年度立法院工作情形甚具體而明晰。此君愛好之心尚切，惜在政治立場上易於被人掀動耳。十時二十分歸，攜回雷殷報告一件。旋芷町來，研究中央黨部對及齡黨員不從軍之懲罰辦法，考慮甚久而簽註之。又研究關於調整機構之件三件。十二時實之來，知今日常會有無謂之爭論。一時午餐後小睡至三時卅分起。整理篋中文件，並辦簽呈稿三件。六時到中央黨部，與鐵、楚、亮、道、屬研究國民大會事。八時晚餐後歸。閱六組件、四組件各一疊，與六弟、希聖等談話。至十一時卅分就寢。

2月20日　星期二　上午晴、下午陰　五十一度

八時十五分起。昨晚睡不酣適，可見Sodium Amytal之效力甚微也。九時到參政會出席憲協會第一小組會，研討憲草。由孫哲生主席。十一時請假先退席，到安龍章醫師處整理，並鑲補齒牙。十二時歸，閱呈吳經熊函件。閱實之所紀中央常會紀要。一時午餐，餐畢小睡，雜念紛起，不能自抑，言念公私，感慨萬端。三時起，閱第四組來件一疊、六組件一疊。屬生來談行政院近事，並與商談侍從室之事，六時許始去。約果夫來，商侍從室派員赴高級班之聯繫辦法等。七時卅分偕果夫、道藩同至官邸，出席幕僚長敘餐。到鐵城、達詮、立夫、屬生、井塘、秀峯

等諸人。九時餐畢，向委座報告侍從室加強人事等意見，
並與錢陳主任略談而歸。自誠來報告公事。唯果、芷町來
談。閱六組、四組件。至一時許就寢。

2月21日　星期三　晴　五十四度

　　八時五十分起。昨晚睡眠較佳，今日天時晴暖，心
神較為暢朗，然工作則無可稱述。上午閱各報及參考消息
畢，處理公私函札若干件。又為接洽開會事務等，通電話
數次，蕭勃武官來訪，談二十分鐘而去。午餐後小睡，夢
回甬上，遇志城、仲未、貞柯，把手泣下。見岸上頹垣禿
柱，云是烽火之遺也。此夢甚奇，當由外姑逝後，繫念家
鄉所致。三時醒，張子纓君來詳談旅美之情形。四時卅分
去。閱六組呈件一疊、批表一疊。乃建來談本室黨部選舉
事。傍晚芷町來談。夜處理四組公事兩疊。閱桂永清君條
陳一件。核發對指導會訓詞一件。自誠來談。十二時寢。

2月22日　星期四　陰　五十四度

　　八時卅分起。昨晚睡眠不暢（AMYT 二丸已無濟於
事）。今日精神不佳，情緒憂鬱，大有傍徨無措之感。晨
起閱報後料理文件數件，十時卅分到安龍章醫師處補牙，
十一時卅分歸。午餐後覺頭痛頗烈。蕭勃副武官再來訪。
一時卅分孔令偉女士來訪，攜來蔣夫人所贈藥品，略談而
去。二時卅分後不能不再作小睡，甫合眼而蔡孟堅君來
訪，談四十分鐘始去。接委座電話，為文化界發表宣言

事，即電約公展、道藩來商，知中共宣傳日緊矣。旋蕭自誠來談委座對新檢處賀、李二人指示之大意。閱批表十二件，其中調整機構一件，包含甚廣。又閱第六組呈件，費二小時方畢。晚餐後疲甚，不思作事。與四弟談話久之。十時就寢，芷町來談，十一時始入睡。

2月23日　星期五　陰　五十四度

八時卅分起。昨晚睡眠最酣適，晨起精神較暢。但近日雜慮紛乘，苦於無以自處之道，實因體力日衰，腦力日弱。而當年一念認識之差，誤妄以為服務本室只要以文字工作給事於領袖左右，勗勉盡瘁，庶告無罪者，今乃知元戎之期望於我者，不止於此，外界之觀測於余者，亦有異於此。荏苒十年，若從嚴格以繩，余乃為最未盡職之一人。誤公之罪，擢髮難數。今年時局轉趨繁複，反攻臨展開之時，國內有分離之象，彼別有用心之徒，囂張凌侮，以削國勢，將無所不用其極。而余之體力，外似勉可支撐，內則衰頹益甚，繼續強勉則不能，退就閒散又不可，進退之際，真有局脊無所之感矣。為此一念所苦者已四、五旬於茲，而近日之傍徨痛苦更甚也。閱四組昨晚留存之件五件。印度學生奈爾來見，索題委座照片。桂永清君來談對英外交之所見，約一小時半而去。文白兄來談，余告以心中所念不知抉擇之故，彼勸余以身體為重，而任務則仍當積極承之。勸勉備至，一時始去。午餐後小睡至二時卅分起。徐柏園君來訪，談卅分鐘。旋劉澤榮特派員來辭

行。閱第六組呈件兩疊。希聖來談舊金山會議前之準備注
意要項，約四十分鐘。閱四組呈件一疊。晚餐後代批四組
呈件七件。實之來談約一小時。今日見客太多。道藩亦來
談甚久。閱希聖報告兩件。與四弟談話。十一時寢。

2月24日　星期六　晴　五十六度

　　七時卅分起。記日記畢，閱報數種。接李立侯同志
之電話。又接閱希聖兄報告一件，擬不為轉呈。處辦公私
函札若干件。顧翊羣、薛農山兩君來訪，談卅分鐘去。此
種酬應，甚屬無謂。旋程天放兄來談宣傳政策。正午范爭
波兄來談益世報之事。一時午餐，意緒不怡，鬱悶殊甚。
午後小睡，亦未熟。蕭自誠來電話，與許孝炎君通電話，
商新聞檢查事。閱四組件兩疊、六組件一疊、外交電十
件。余井塘、陳立夫兩君先後來訪，所談多複雜而不快之
事。晚餐後與唐組長及李副局長先後通電話。皋兒來談久
之。十一時寢。

2月25日　星期日　晴　五十二度

　　八時起。昨晚睡眠較佳，但晨起以後，坐對案牘，
感觸萬端。二十三日所記自疚自責之一念，仍未去懷。作
信札數件，旋又毀去之。立夫兄上午約赴黃山，辭未能往
也。新華日報氣焰益囂張，殆已由宣傳機關變為行動機
關，甚可憤慨。十一時秀民來談，知王熙之父病逝，贈賻
六千元。旋芷町來談，知其對組內各務仍未著手起草報

告，與談柏園之事，擬暫中止焉。午餐後又談四十分鐘
去。午睡甚酣，而多奇夢。李叔明、史詠賡來談久之。今
日皓兒自政工班歸來，與之談話，甚喜其正直，而又憂其
不諧於俗也。乃建來談業務及本市公安確保之見解，唯果
來請余改文字。晚餐後索然獨坐久之。道藩兄來長談，至
十一時始去。遂就寢。

2 月 26 日　星期一　晴　五十九度

七時卅分起。昨晚睡眠亦尚佳，大約為兼服中藥（金
誦盤君處方），故安眠之效特強也。今日腦筋中仍有凌亂
急迫之感覺，然與前數日之局脊難安似不相同矣。九時到
國府，參加紀念週，由陳部長辭修報告軍政部主要工作，
約卅五分鐘完畢。出與魯若衡君略談，又與甘自明君商設
計考核會議之要點。十時舉行國防最高委員會第一五五次
常會，由雪艇報告與周恩來談判之經過及其背信棄約、條
件屢次變更之經過。在座聽之，均瞭然於中共每一舉動，
其本身即為宣傳。故愈枝節，即愈能拖延，愈拖延，即愈
便於宣傳，彼之真意決不求問題之解決。惟以：（一）舊
金山會議開會在即，樂得打擊國府之威望；又以（二）蘇
聯參戰有望，借此更欲威脅中央耳。雪艇報告畢，開始討
論，至十一時卅分完畢歸寓。芷町來商談公事，以積件太
多，代批十五、六件。午餐後小睡未熟。二時出席區黨部
本月份會議，商指導小組方案等四案。與慕尹、果夫略談
歸。芷町再來余寓。傍晚五時卅分到官邸，陪吳文官長晉

見。以鄒海濱為二十日國府委員會時主席，措詞太激，再來函辭職，而右任先生亦請出洋，共商挽留也。旋劉維熾君來訪，余陪見焉。七時歸，晚餐後希聖、自誠先後來談，處理四組件一疊、六組件兩疊。十一時卅分寢。

2月27日　星期二　晴　六十度

八時起。單成儀君以果夫先生之介紹來訪，談東北抗敵協會事。九時卅分魯若衡君來訪，談豫省黨政、湘省政務及民國學院事。郁永常侄婿來辭行，謂明日即將出國矣。約陳漢平秘書來談。此才可愛，盡力策勉之。十二時唯果來談。今日上午時間幾全為見客而耗去矣。十二時卅分午餐，餐畢小睡，兩次為電話驚醒，神思紊亂，甚為不怡。三時起，閱第六組呈件兩疊。接顯光電話，為國際宣傳處經費事。徐曼署兄偕李雪初君來訪，談卅分鐘去。四時卅分道藩、公展來談宣傳事，為改文一篇，六時辭去。接黃山電話，委座命即上山，並約稚公同行。七時由美專街動身（省吾、季高亦同車過江）。八時卅分謁委座，與稚公同餐，九時卅分退。修改講詞一篇。宿桂堂。十一時寢。

2月28日　星期三　晴　六十度　在黃山

八時起。昨晚睡眠尚佳，惟晨醒太早耳。盥洗畢，校閱金省吾君所繕之講詞。與稚公進早餐後，奉召到官邸。晤周秘書，知今日委座無暇批閱公事，選急要者六件

送呈之。旋入見委座，面諭講詞尚應補充修改，退歸桂
堂，親為補正，十一時十分送呈核閱。十二時到官邸午
餐，達詮、雪艇同在座，商酌講詞，兼談他事，一時十五
分辭出。達詮等先渡江歸渝，余回室小憩，至二時五十分
起。閱四組來件三件。約曹聖芬同志來談。五時委座來，
邀稚公與余同出外散步卅分鐘而回。春光明媚，山中景物
可愛，與稚公閒談約二小時。八時晚餐。夜料理積件三
件。十一時就寢。

3月1日　星期四　晴　六十二度

七時卅分起。徘徊庭園間，與稚公閒談。八時卅分與稚公一同過江，送至林森路，彼先下車，余乃歸美專街一轉。核閱六組件一疊、四組件一疊。九時五十分赴軍委會，先謁委座，繼參加憲政實施協進會。委座出席致詞，說明實施憲政之既定步驟，以及與中共談判之經過，意在使國內外明瞭，旋即退席。由孫哲生主席，討論報告案。十二時午餐，宋子文君代為主席，餐畢繼續開會。對於委座演詞，本會應否有決議一節，有熱烈之討論。各會員發言甚多，卒決定不另作決議，時已三時餘，余疲甚先退。歸寓後小睡未熟，四時起。養甫來談將出國，與之作較詳之談話。客去後閱六組件兩疊、四組件一疊。夜楊玉清、徐本生、芷町、自誠先後來談。閱辦積件，研究手諭，至十一時卅分寢。

3月2日　星期五　晴　六十四度

七時五十分起。閱各報紀載委座之演詞及評論，大公報之評論態度至為模稜，甚為不滿。閱函札數件，核定本處上月份之報銷等。十時委座約往談，交下關於經費之手諭兩件。十時卅分舉行設計考核會議預備會議於官邸，到二十九人，依次報告，甚詳備。委座聽之無倦容，並簡單訓話。會議歷二小時餘始畢。歸寓午餐。慕尹來談卅分鐘。旋即午睡，直至四時三刻始起。周兆棠君來談軍隊選舉件。唯果、滄波來，匆匆略談而去。劉季生君來談一小

時。晚餐後閱六組情報件一厚疊、四組件一疊。芘町
來談，十時三刻始去。核改講詞一篇、訓令稿一件。
一時寢。

3月3日　星期六　陰　六十二度

　　昨晚睡至中夜，狂咳而醒，久不成寐，故今晨八時
五十分始起。接委座電話，詢約見校長事。囑叔諒調查，
擬呈名單請示。九時卅分林佛性君來談甚久，勗其為黨國
努力，並談司法、立法與憲法草案事。林甚健談，至十一
時十分始去，為作介紹函兩緘於鐵公與立兒。今日接積泉
致世璽電，擬約其出國。泉兒腦筋之簡單，可為訝異。午
餐後與叔諒談話。小睡至四時許始起。王東原主席來訪。
旋第二組新任組長趙桂森來訪。接顯光、道藩等電話。閱
六組、四組呈件各一疊。七時卅分到官邸會餐。今日約請
者為金融界人士二十餘人。余於餐後謁委座面呈副主任
事。餐畢略談，至九時卅分歸。閱四組批表。約厲生兄來
談話，十一時卅分去。十二時後就寢。

3月4日　星期日　陰、下午轉寒　五十六度

　　八時卅分起。昨晚睡較酣，然今日工作一無成就，
則以雜務太多之故也。閱公私函札十餘件，並處理之。又
閱各報評論畢，閱外交消息十餘件。本擬參加高級班訓練
開學典禮，嗣知延期舉行未果。今日神思甚不快，上午便
如此匆匆過去。午餐後與希聖談話，為接洽明日宴請各大

學校長事。幾經請示，甚費周折。樓桐孫君來談選舉事。
王芃生亦來函請求，何其熱心也。小睡一小時餘起。四時
後孟海來談。旋鄧漢祥來談川事。劉維熾來談孫科夫人出
國事。趙桂森組長到職來謁。閱六組件二疊、四組一疊。
十二時寢。

3月5日　星期一　陰晴　五十七度

　　昨晚入睡已在十二時半以後，中宵為咳嗽甚烈而
醒，醒約兩小時許，不寐，再服Amyt（小）二丸，故今
晨起床特遲，乃在十時許矣。盥漱畢後，約周國創股長
來，談公費股今後經理各種補助費之事。閱報數種，參考
消息若干件。今日高級班開學典禮未能出席。十二時到官
邸，陪同各大學校長午餐。到梅、顧、王、竺、李（雲
亭）、劉（季洪）等十五人，朱部長同來。一時卅分散，
到四組一轉。二時卅分午睡至四時起。五時委座約往談
話，交下二十二年事略十九本，並命擬「勗勉整編各軍師
長之文告」。六時歸，奉到批諭，准以道藩、芷町兩人為
第二處副主任。七時卅分晚餐，餐畢與叔諒、希聖略談。
閱六組件二疊、四組件一疊。芷町來談甚久。十一時五十
分寢。

3月6日　星期二　陰、驟寒　四十九度

　　昨晚服藥未足量，中宵又醒，至八時許始起。心神
不怡，又患頭痛。以昨晚撰擬之件未動筆，不得不強支精

神而為之。屬稿未半，已將十時三刻。鹽商川人余若南來
訪，以其為煥章先生所介紹，不得不見之。繼乃知為其活
動參政員而來。客去後遂不復能動筆。十二時委座約請中
央常委午餐，到二十五人。余往作陪，談舊金山會議事。
余坐未一小時而畏寒，如冷水澆背，且胃部欲嘔，不得不
請假先退。略進餐食，即就睡。但神經緊張，憂思無端，
時作非非之想。小睡未熟，服Amyt亦無效，矇矓恍惚，
至四時始起。此境至為難受。五時後將「告將士書」，
繼續撰寫，至十時始畢。閱四組、六組件各一疊，十二
時寢。

3月7日　星期三　晴、甚寒　五十四度

　　八時起。昨晚睡眠尚足，可見余必服重量之安眠劑
與新藥，乃可得適度之睡眠。如服常用之藥，已不能生效
矣。盥洗畢，閱報及昨日中委談話會紀錄，覺眾議紛紜，
皆有更張之覺悟，而無一致之認識，以此推知五月間代表
大會之前途必復更為龐雜矣。本黨自有主義與國策，乃因
外界不明真相者之呼號，而黨內同志亦分出「鞏固根本」
與「適應環境」之兩種歧異見解，此而無法折衷至當，甚
為本黨與國事前途憂之也。複閱電令稿（為促起選舉注意
事），即送呈之。十時謝冰心參政員來談。旋顧翊羣行長
來談，忽提辭呈，甚可訝異。勸勉數語，彼仍堅持，乃為
收受而轉呈焉。甘自明君以十二時十分來訪，且對設計考
核會議事作詳談，約一小時而去。午餐畢，又與芷町核閱

四組公事若干件。午睡未熟，三時卅分起。委座約往談話，交下各部門聯繫名單及擬設幕僚會議之件。余觀委座近日心思甚繁，而憂勤政事不輟，余無能分勞，實感慚憤，無地自容。退歸寓所，猶為悒悒。以委座囑就商於吳文官長與熊秘書長，乃往訪天翼一談。歸後閱六組批表一疊、呈件一疊，雖治事如常，而憂思難抑。七時卅分到官邸會餐，到十一人，談各黨派及國民大會等問題。十時會談畢，與道藩同歸。芷町亦在余處，相與會商處務。芷町意似不屬而先行，道藩談至十一時去。改電令稿。一時寢。

3月8日　星期四　晴　五十三度

昨晚一時就睡後，忽然因腦筋震眩而醒，醒即不能復睡，起而續服安眠藥兩次，誠不勝徬徨痛苦之至。今晨八時起床後，猶感頭痛不可止也。九時接周秘書電話，囑查中央社某項新聞稿，旋接委座之批諭，亦囑澈底查明。與同茲通電話不得，乃囑孝炎轉詢焉。十一時往訪吳文官長，談一小時餘而歸。午餐後小睡仍未熟，畏寒而頭痛，甚矣其憊也。三時起張靜廬來談。六時同茲、博生來訪。今日芷町請假，實之攜來四組之表件，為處理三件，又呈核人事案一件，閱六組呈件一疊。六時後乃建來談應付四月二十五日以前之國際形勢應注意之點。七時卅分晚餐，僅余與三兒兩人。餐後既感疲勞，又覺寂寞淒涼，恐工作愈繁，此身已難長此服務矣。整理積件，望弟及永甥來

談。十一時服藥就寢。

3 月 9 日　星期五　晴　五十三度

　　昨晚睡眠甚深，然清晨忽患劇烈之咳嗽，起而略飲開水始已。六時後再睡，至九時許起。近日眠食無定，作事無氣力，心日繁而志日紛，余殆將病矣。補記日記後，略閱本日之報紙及參考消息等。十時卅分劉光炎君來訪。十一時祝芾南主席來訪，談陝省黨政各事甚詳。謂陝省財政及物價甚可慮云云。十二時二十分午餐，餐畢小睡未熟，二時三刻起。欲撰擬三月十二日之文稿，而腦筋疲滯已甚，不可復用，乃囑希聖兄代為之。檢委座交下外書經兒保存件交望弟藏之於鐵箱。自申至戌，均未作事。略記近來之感想，以抒抑鬱。夜閱四組件，並發函電。十一時寢。

3 月 10 日　星期六　陰　五十五度

　　八時起（昨晚睡不甚佳）。待希聖文字（為策進國民精神總動員告國民），至九時卅分始繕畢。為略加修改。十時一刻委座約往談話，囑轉告吳、熊兩人接洽胡政之與張君勱事。余以連日精神極疲勞，面陳委座，擬下星期請假休息，蒙允准焉。十一時返寓後，芷町來談。午餐後代批四組件十餘件。小睡至四時許始起。中政校之校務委員會請假未出席。約曹聖芬來談話。旋周秘書宏濤來，以上午送呈之精神總動員文字送下，傳委座命，須再整理

補充。六時開始，至夜十時始完畢。與四弟談話。十一時
就寢。

3月11日　星期日　晴　五十九度

七時三刻起。昨晚睡眠較佳，但腦力甚疲滯。連日
夜間常有咳嗽，延朱醫來注射Transpulmine 一針。九時將
昨晚改正之精神總動員文告複校後呈上。閱四組件，並改
定植樹節訓詞，寫關於中央銀行某局長辭職消息再查覆之
報告一件。十一時委座約往談話，詢余何日回山洞，余答
以明日起請假。又略談他事。委座亦患傷風，觀其精神似
稍疲倦，以文告交下，僅略改二十餘字。如此順利，然後
我等執筆時不感畏縮也。鎧兒已考入工兵幹訓班，今日即
入營。午餐後小睡起。閱近日函件一疊，分別處理之。閱
六組件二疊、四組件二疊。約屬生兄來談中樞諸事，至六
時始去。夜作函數緘。與六弟、望弟等談話。洗澡，十一
時寢。

3月12日　星期一　晴　五十九度

今日起，請假九日休息。晨八時五十分始起（昨晚
睡眠平常）。朱醫再來注射T. P. 一針。作函件九緘，分告
友人以病假，並囑咐各人注意業務。實之弟來談，出示文
字一件，乃道藩囑其轉示者也。結束諸事畢，十一時卅分
動身循新路而行。沿途和風拂面，紅梅猶盛，而柳枝已綴
濃綠矣。十二時十分到老鷹岩，午餐後與家人閒談。小睡

約一小時起。與允默出外散步，參觀新建築二處，當為招待外國友人而設備者。復至林主席墓前展謁而歸。夜與家人閒談，十時卅分寢。

3月13日　星期二　晴、下午陰　五十九度

此來既為休息，起臥可以任意，以凌晨劇咳十餘分鐘，七時醒後再睡，至九時四十五分始起。略閱消遣之閒書，盡量使腦力鬆弛，不為當前複雜之問題所擾，然終未能使心境絕對閒定也。午餐後與允默談家事，甚憶寄居滬甬之親友與慈溪之家人。二時後又有睡意，乃再睡一小時餘，亦居然沉酣入睡。四時起，出外散步，遍繞林園一週。久不步行，腿部為之酸痛也。丁先生貽自製之麵條，食而甘之。夜與允默談話，忽聞明兒有「我不入地獄誰入地獄」一語，頗有會於吾心。十時寢。

3月14日　星期三　晴　六十一度

八時十分起。今日晴暖，山中天氣極佳。補記日記畢，為約兒改文字，出舍外呼吸陽光下之新空氣，見李花怒開矣。十時聞希聖將來訪，此心即懸繫於處務。十一時希聖來，談其近日之觀察與盟軍登陸前應有之準備。與之偕出，參觀林園前後一週。午餐後希聖去，然余心中乃反不寧謐，以華西某報事無解決辦法也。秀民來山中檢卷，順道來訪焉。二時後仍小睡。四時偕允默散步於新開寺，感觸甚多。六時歸。皋兒今日歸省，匆匆即去。燈下讀雜

誌，與默閒談八年來之戰時生活。十一時寢。

3月15日　星期四　雨、大霧、驟寒

　　九時十五分起。昨晚又失眠，小睡中多繁複之惡夢，醒而異常疲勞。且山中陰雨，大霧迷漫，咫尺不能辨人面，以至不能出室門一步。上午心思甚感煩鬱，悵念身世，時有隱遁之想。以我之身體勢必愈拖愈累，遲早終有誤事之一日也。午餐後小睡，沉痛抑鬱之念仍不能去懷，精神殊委頓。而小睡不成眠，起服IPR二丸，亦僅小睡一惚而已。傍晚以後，雜念漸除，黎鐵漢、徐鴻濤兩君來談半小時。兩君係在陸大將官班甲級受訓也。晚餐後讀報紙，以藥力關係，心緒漸定。與家人談話。十時卅分寢。

3月16日　星期五　陰　五十三度

　　七時五十分起。昨晚睡眠酣適，今日精神稍佳，繁憂亦減。惜天色陰沉，雨後地濕，不能出外散步耳。此次既屬休養而來，應使稍紓煩鬱，不可內心煎迫太甚。想念及此，姑以自寬，當再強忍艱難，再試一個時期，以觀其後而已。邢連長讓平以世家子之禮來見，乃舊同學邢鍾翰之子也。向午作函數緘。午餐後命陶副官回渝一行，取藏置文件之箱篋，以精神尚好，將去年八、九月以後及六、七月以後之文件整理之。四時小睡，五時一刻起。夜閱去年之日記。十時三刻就寢。

3 月 17 日　星期六　陰　五十五度

八時起。早餐畢，陶副官自美專街回山洞，攜來文件箱三隻，得讀皓兒覆函及四弟覆函。四弟勸我宜從「渾」字與「拙」字痛下工夫，蓋有取於曾文正持躬處事之旨，此誠足為余之藥石也。閱昨、今兩日之報紙，我軍在湘贛境內有進展，堪為欣慰。今日上下午均繼續整理文件，意欲為之彙集分存，並定其次第，然如此非重閱一過不可。故腦力甚感紛雜而疲滯。午後二時卅分就枕小憩，甫合眼而即為繁雜之夢所驚醒矣。晚餐時稍憩，閱卅二年日記，多可感慨者。十一時就寢。

3 月 18 日　星期日　陰　五十五度

七時五十分起。盥洗畢，仍繼續整理篋中文件之工作。就三十二年及去年之外交文件特列卷宗四篋，分別歸存之。前塵歷歷，想見此兩年來之艱難多故，不易應付也。中午陸大舉行開學典禮，文白、元靖兩兄來談甚久。文白極意慰勸，囑多休息數日。已而委座亦來，在舍外謁見之，詢余病略瘥否，謂余面色轉佳，然亦不妨多休養一、二日也。枕琴先生夫人偕宏濤秘書來訪，念舊傷逝之情，不能自已。談卅分鐘去。周尚來談，未接見。小睡起，繼續整理政治性質之各件，至晚十時始完畢。精神尚佳，十一時寢。

3月19日　星期一　陰、微雨　五十三度

七時卅分起。昨睡尚酣，但屢醒耳。昨日整理之各件中，尚有涉及外事者四疊，未經清理，晨餐後仍複閱清理。將威爾基來訪件、居里件及印度問題（約卅一年份）歸為專夾保儲之。其二十九年、卅一、二年皆零星無可歸類者。又卅年一夾，則前經整理，今不再複閱（卅年件為太平洋戰事發生之前後）。如此整理，直至午後二時始畢。小睡即起，閱卅一年分個人日記，亦幾於十日九病。甚矣，余之疲久矣。扶病工作，亦非自今年始矣。五時卅分與默散步於園內，春寒料峭，無多意趣。夜讀唐人詩，閒談至十時卅分寢。

3月20日　星期二　陰、微雨　五十四度

八時卅分起。昨晚睡多時，而屢屢驚醒，安眠藥功用漸減矣。文件夾攜來者整理已畢事，上午完全休閒。十二時接祖望電話，知委座攜宏濤等出巡矣（聖芬同行），不知其傷風之症已痊癒否。余留駐陪都，當有各事待接洽者，然此次腦病實因十一、十二兩月未休息，而新年以後復憂急太甚之所致。今日假期雖滿，仍不得不從諸友之勸，延長休息數日，使腦力得因鬆弛而恢復也。午後小睡約一小時，閱卅二年之日記，將各件裝入箱內。夜無電燈，閒談不作事。十時寢。

3 月 21 日　星期三　晴　五十四度

七時五十分起。昨晚睡中仍多夢，俗云春季多夢，理或然歟？晨興後陽光甚美，檢點篋笥，尚存可用之毛筆三十四支，若每月四支，亦僅兩年可用，屆時抗戰當已結束焉。複閱三十二年以來之手諭，深覺擱置未辦之事太多，實非忠實事上之道。然其中有一半確實窒礙難通，而其他一半則余事繁心散之過也。今後如何轉趨積極，靜思久之，殊苦未能得要領。午後小睡起，訪鼎丞先生於其家，坐談有頃，而章行嚴君來，想與高秉坊案有關，乃即辭出。繞行園內一週，到水塘邊徘徊久之。又至林主席墓前展禮。明日擬歸渝矣。傍晚下雨，夜與允閒談。十時卅分寢。

3 月 22 日　星期四　雨　五十三度

九時許始起。昨晚睡殊不寧，近日雖服藥適量，又在休假之中，然夜間仍多夢屢醒，何心性修養之缺乏，一至於此耶。今日本擬歸渝，臨時中止。午前寫寄七弟、八弟、九妹、泉兒各一函，又致細、憐兩兒一函，如是費去三小時，腕骨為酸。然久延未寄之國外諸函，今日乃得暇寫成之。午餐後小睡一小時起。二時後讀性靈之書，並寫字一小時。自三時至五時，檢閱本年之手諭十五件，重繕於別冊。傍晚天氣驟寒，瑟縮怕冷，身心甚為不怡。今日晚餐食自製之荳腐，甚甘美。晚餐後考慮處務。讀書一小時。十時就寢。

3月23日　星期五　陰　五十五度

　　七時卅分起。來山中休養已十一日，所患未癒，而失眠益深。然渝中當有積件待閱者，不能不提早銷假。九時卅分偕允默乘車回渝，十時十分到達美專街。知王亮疇先生已奉派出國，廳務欲余代理，擬函託甘自明君照料之。望弟送來情報件及各方函札一大疊，略一批閱，即覺心煩。耐心細閱，費一小時餘，僅閱其大半而已。十二時一刻午餐，餐畢整物件。小睡僅一小時許始起，將函電閱畢之。電黃主席唁其母之喪。四時卅分芷町來談處務。五時卅分乃建來談，約一小時而去。乃建去後，芷町仍留談各種公務。與吳國楨次長通電話。晚餐後閱四組批表一大疊，又與芷町續談檢討會議及舊金山會議事。閱六組批表及呈件三大疊，作函二緘。十二時就寢。

3月24日　星期六　上午陰、下午晴　五十七度

　　七時十五分起。昨晚睡不佳，醒四、五次，晨起精神殊疲，九時卅分以後轉好。十時卅分與宏濤通長途電話，旋約機要組專員朱少先來談，囑其錄送王雪艇君之去電底，為舊金山會議事也。王亮疇先生已出國，廳務奉准由余代理，今日上午囑祖望赴秘書廳，函甘君請代為主持。午刻與雪艇通話。午餐後一時小睡至二時三刻起。閱各友來函，並電唁黃旭初主席之母喪。今日不披閱公事，整理渝寓書櫃內各種卷夾及書桌，至夜八時始畢。櫃桌較前整潔，心胸為之一舒。皋兒、樂兒均休假來寓。夜與芷

町閒談久之。至十一時卅分寢。

3月25日　星期日　陰　五十七度

七時卅分起。昨睡尚酣，清晨又咳嗽而醒。詢之皋兒，謂此係近日流行之症，稍暖當自癒也。今日將舊存公事箱三隻自防空洞取出整理之。其中文件及小冊子有霉濕者，蓋已三年不翻檢矣。將日記（余私人日記）十冊及國防會議事錄等，分別裝入。又將各件一併整理，歷時五小時始畢。其間唯果來談約三刻鐘。自誠來談一刻鐘。又陳質平君來訪，稍談即去。午後一時後疲甚小憩，二時卅分即起。又整理皮箱兩只。俞欽內姪來談（以央行支票及本票交之）。六時卅分到機場，迓接委座，與聖芬等同車至曾家岩。以有客未入見。夜九時委座約往談，十時歸。閱四組件。十一時卅分寢。

3月26日　星期一　陰晴　五十八度

八時十五分起。在寓研究議程，並參考舊日各件（去年行政會議涉及省政府組織法之件）。九時卅分到國府，未參加紀念週，與宋代院長在客室內談二十分鐘。十時十五分舉行國防最高會一五七次常會，討論省府組織法修正案（立法院最近議決之件）。各委員發言甚多，最後決定付審查。又議要案數件。由委員長宣布我國派赴舊金山會議代表人選。鐵城、覺生兩先生有所陳說，卒如原議決定。十二時散會歸，孫天鳴（天民）來訪，余不知其詳

歷，未與深談，僅勸其辦報非易，必須慎重，如未出版無寧不辦也。午餐後精神尚佳，今日未午睡。允默為我整衣篋。二時出席區黨部四次會議，四時畢。與果夫略談歸。檢點篋中所存之安眠劑存量尚足，但種類不多。午後與希聖談。閱四組件。夜芷町來談。十一時卅分就寢。

3月27日　星期二　晴　六十度

　　八時卅分始起。昨晚仍有咳嗽，今日延朱醫來處方，彼並為余注射維他命B針。委員長擬於本屆青年節發書告，故上午為之搜集材料。十時張國燾君來訪，余日前所約也。與談別來情形（已年餘不見此君）及黨國近事，彼以為不澈底之事，應少做，而扶植民眾利益，乃不可緩者。財政上幣制金融之改革，尤為重要之務云。談一小時餘而去。午餐後電魏大使，告毓麟暫勿歸來，因政府任為舊金山會議專門委員也。二時允默回山洞，小睡至三時卅分醒。擬寫文告，久久未就。郭斌佳兄來談。七時閱六組件兩疊、四組件一疊。七時卅分委座約晚餐。陳、陶同往，九時卅分歸。以文告託希聖。十一時寢。

3月28日　星期三　晴　六十八度

　　七時起。昨晚睡眠尚佳。盥洗畢，即就希聖兄所起草之「第二屆青年節告從軍青年書」初稿審閱修改，對第一、第三段加以補充，又以結論筆調太弱，為之改擬，即交繕寫，至十一時卅分複校而送呈之。此等文字，所指示

者均為經常之道理，近來文思愈拙，成稿以後，殊自愧未能打動青年人之心坎也。午餐後小睡至三時許起。委座稿件交下，略有更改，並命酌加數語，分電青年遠征軍各師，於明日集合官兵朗誦。即邀自誠來，辦發之。閱六組呈件兩疊。與道藩通電話。又閱四組批表一疊。忽感疲倦。六時自誠來談，何孟吾來談。又湯吉禾君來談甚久，有所請求，甚感為難。夜芷町來談。改撰對出國學習人員之訓詞。一時寢。

3 月 29 日　星期四　陰、向午晴　六十八度　理髮

六時即醒。昨晚睡眠不足，至八時許始起。閱今日各報之評論及消息，新華日報以美國新聞協會代表三人來華，故意違檢留空白，其用心可誅。朱醫仍來打針，注射 Perandren 第三針。十時李唯果兄來談半小時，詢湯吉禾之性行能力。據唯果言，人極篤實，而能力殊平庸云。今日頗懶散，不思積極作事。午餐後小睡多夢，而極沉酣，至三時許始起。閱六組批表一疊、呈件兩疊。叔諒來談甚久。傍晚閱四組呈件三疊。考慮副主任之工作。又作函數緘。晚餐後處理主任室函件。黃少谷君來詳談。十一時寢。

3 月 30 日　星期五　晴　六十三度

七時五十分起。盥洗畢，料理雜件，並閱六全大會應用之政綱政策之件。董為公君來訪，將去荷蘭任公使，

特來辭行也。十時卅分偕祖望到長安寺吊曹聖芬兄母喪，
見其儽然在疚，為之惻然。旋至安龍章醫師處修假牙。
十一時卅分歸，唯果來訪。十二時到中央黨部聚餐，並談
各黨派事。二時十五分歸，小睡至四時許始起。閱六組件
兩疊。王曉籟君來談。旋力子先生來談卅餘分鐘。力子去
後，李立侯君來談新檢局事。與道藩兄接洽處務，七時卅
分去。晚餐後閱四組批表及呈件。接細、憐各一函。十一
時卅分寢。

3月31日　星期六　陰晴　六十八度　宿黃山

　　八時五十分起。昨睡似不甚酣適，然清晨醒後，矇
曨疲滯，故又晏起也。攬鏡自照，面部有浮腫之象。閱報
後並閱參考消息六、七件，作私函數緘，致細兒一函。約
王秘書冠青來談，指示其工作要點。旋曹速記聖芬來謁，
彼明日起銷假矣。委座電話，命約稚公同去黃山。十一時
往訪稚公，謂足有小疾，不便行動，以電話報告後，委座
仍囑余下午前往。午餐後小睡，至二時起。整理物件，並
留函三緘。三時卅分動身，至下南區馬路，因車輛損壞，
油管污塞，修理良久不得行。適有便車，乃搭換至江邊，
另派一車過江。五時到達，即謁委座於新草房，侍談約一
小時回室。閱讀事略，八時到官邸晚餐，又談四十分鐘
歸。閱交下之外交部所擬方案。十時卅分寢。

4月1日　星期日　晴　七十四度　上午在黃山

七時起。昨晚服藥足量，而仍早醒（六時許）為憾。在山中亦不暇散步游覽，將外交部所呈舊金山會外擬相機商談事項之呈件紀錄其要於本冊。又複閱民國二十六年事略中之講稿五篇，酌為修改之。自誠來談卅分鐘。十二時下山歸渝。一時許午餐，餐畢小睡，至三時許起。閱第六組呈件三疊。五時到化龍橋訪吳文官長，奉諭以外交部件交彼研究，談三刻鐘而歸。與芷町、希聖談話。唯果來辭行。七時宴道藩同志於新一號，本室各組長作陪。道藩擬明日來就副主任職務。會餐時商定本室同人生活津貼事項。道藩談至十時去。與芷町談話。十一時寢。

4月2日　星期一　晴　八十四度

八時十分起。九時到國府參加紀念週，由財部俞部長報告工作概況及檢討，歷一小時始完畢。晉謁委座於休息室，報告外交部之件。旋委座接見黨務機關考績最優人員，並訓話，余以國防會代秘書長之資格參加，但未列席中央常會。在客室與鄧翔宇組長談話卅分鐘。回寓後，貝淞蓀君來談。閱本日各報畢，自誠來談。十二時卅分午餐後，小睡至二時起。天時驟熱，略有頭痛之象。閱六組批表一大疊、呈件兩疊。送道藩兄閱之。旋核閱四組呈件三疊。盧主任秘書來談，約一小時而去。天放來談大剛報事，殊訝其事理不明。傍晚更熱悶。與祖望談。夜閱對於黨務之報告。與實之談。十一時五十分寢。

4月3日　星期二　晴、夜雨　八十四度

　　七時卅分起。昨晚睡眠尚佳，自昨日起，精神亦較暢朗矣。閱各報及參考消息後，辦發外交部代電，並與吳次長通電話。閱四組呈件。吳任滄君來訪，談農民銀行事，歷一小時。今日朱醫再來為我注射，已第四次矣，似甚有效果也。檢查關於手令辦理之各件，飭省吾繕寫之。午餐後小睡，與張副主任道藩談黨務方面之工作，為詳述第二處之沿革與近況，並希望於彼協助辦理之各重點，談話約兩小時以上，然尚不感如何疲乏。道藩去後，約祖望來談處務。閱政綱政策案。夜芷町來談處務，商設計局事甚久。十一時卅分寢。

4月4日　星期三　雨　六十二度

　　八時起。其實六時許即醒，矇矓無力，故又晏起也。氣候突轉寒冷，較昨日低二十度以上。霪雨終日，潮濕不堪，身體精神均有不良好之反應。閱本日新華日報載孫哲生談話，如此俯仰隨人，自忘立場，亦不知戰爭為何物，而惟任意宣洩其個人之不快，此何怪總裁之煩懣也。杭立武次長來談教部對高等教育之規劃。客去後閱四組呈件，寄熊秘書長天翼函，商政綱政策事。一時午餐後小睡至三時十分始起。氣候更寒，甚不可忍。核定上月份本處報銷各件。寄允默一函。秦組長振夫來談國防會總務組業務，約一小時許而去。批定其請示案三件，傍晚檢查工作，致夏組員一函。滄波來長談。晚餐後又久談而去。余

對之發言過多。又留道藩談商，至十時始別。閱四、六組
呈件四疊。改講稿兩篇。十二時卅分寢。

4月5日　星期四　雨　五十八度

　　八時起。昨晚睡尚佳，但晨興時終有意識矇矓之感
耳。夜中屢醒，睡眠間隔之患，近日似已稍除矣。閱四組
呈件二件，並簽擬之。閱報及參考消息，又處理公私函件
一疊。十時卅分到國防會秘書廳，與滇生、君默談話，並
與自明洽商行政院來文，請更正生活補助費案之提會意
見。甚怪廳中之遲滯不靈。又接見秘書羅理、桂桓二人。
十二時歸寓。午餐後先閱四組批表一疊。小睡至三時許
起。閱文官處對檢討會議之來件。葉秀峯君來談局務甚
久。旋驊先來詳談教部近況，並研究今年暑假停招一年級
新生之問題，直至黃昏始去。余甚感困憊矣。擬與道藩研
究黨務考核手令之件而未果。閱六組呈件兩疊，未完。晚
飯後以頭痛，先服LUM 一丸。夜芷町來談處務，並處理
呈件。又與祖望談。十二時卅分寢。

4月6日　星期五　陰雨　五十四度

　　八時五十分始起。面部有浮腫象，安眠藥之故也。
閱各報載重要消息二則：
　　（一）蘇聯聲明廢棄蘇日中立條約；
　　（二）日小磯內閣辭職，鈴木貫太組閣。
　　此後遠東形勢變化之驟，可想見矣。閱參考消息及

各件後，研究六全大會中各問題。十一時往訪季陶先生，談一小時餘而歸。午餐畢已一時，小睡至三時許始起。閱六組批表等件，閱國防會之來件，核定下週議程。湯吉禾君來談，擬約其來本室任秘書，此委座之意也。道藩兄來長談達兩小時以上。芷町來同商考核手諭事。鐵城先生來訪談半小時。傍晚氣候轉寒，甚不可忍。乃建來談。夜七時卅分到官邸會餐，到鐵、詮、雪、厲、翼、辭修及余共七人。對各事交換意見，至九時三刻始散。厲生來我寓作長談，忘夜之深。一時許就寢。

4月7日　星期六　陰　五十六度

七時五十分起（昨晚睡前談話太久致影響睡眠），頭暈腦疲，作事殊無精神，提筆寫字，亦感手顫。今日為本週內最疲乏苦痛之一日，殆由五日來談話過多，頭緒太紛之故也。閱四組批表一疊、呈件一疊。燕京大學校長梅貽寶君來談，彼將出國半年。又談雷川先生身後事，約卅分鐘去。疲甚不思進食，就床小憩，亦未入睡，二時許起。閱六組呈件二疊、業務審核案一疊，心緒悵悒不寧。實之來略談後，服藥再睡，至六時許始起。立夫來訪，未及延接也。晚餐時孟海來談，精神稍振。夜發電兩緘，改定簽呈一件。芷町來談處務。十一時卅分寢。

4月8日　星期日　陰　六十二度

八時十分起。昨晚睡眠酣足，今晨精神充暢，心境

亦安定，較之昨日大不相同矣。閱四組呈件三疊、六組呈件二疊。昨晚積件始獲理清。蕭秘書自誠來談。旋李孤帆兄來談，要求余助其出國，切實謝絕之。一時午餐畢，小睡至二時卅分起。天氣轉晴，且稍暖矣。謙五內弟來談，與之商談私人經濟情形，蓋入春以來，生活日高，殊覺維持不易也。謙五談至五時許始去。乃建來談時局與黨之革新方案，約一小時許。傍晚與四弟、望弟談家事。八時晚餐畢，與芷町同謁委座。奉交審核之件，交芷町辦理之。余並向委座報告近日之見聞。九時卅分歸，閱六組件三疊。十二時就寢。

4月9日　星期一　晴　六十四度

八時十分起。今日睡足，天氣初晴，寒暖相宜，似覺精神頗為怡爽。九時到國府參加紀念週，事先與諸友敘話。今日翁部長報告經濟部工作及生產局之展望，歷一小時，十時禮畢。接開國防委員會一五八次常會，委座有事，請居院長代為主席，通過要案八件（內一件確定一五六次對生活費補助調整案仍有效）、例案十七件。十二時散會，到官邸。委座約中央常委敘餐，談日蘇廢約後我方應有之準備工作。二時十五分歸寓小睡，至三時二十分起。芷町攜昨日委座交核件來談。韓濬章、徐佛觀兩參謀來談。旋閱六組呈件二疊。今日道藩兄來，匆匆即行，未作談。六時卅分到渝舍，應辭修之約晚餐。七時五十分歸，八時卅分謁委座（芷町同往），九時卅分歸。

閱各件。十二時寢。

4月10日　星期二　晴　六十八度

　　八時卅分起。昨晚服藥足量，晨醒後又復入睡，故晏起也。閱報及參考消息畢，辦發函件三緘。十時陳啟天來訪，彼已為民主同盟之要角，余以坦直忠懇之語，切告其勿以獨立標榜始，而以詭隨搗亂終。彼亦無以相難，最後出名單一紙，乃知其為參政員事而來也。可嘆之至。陳君去後，檢查近日工作，並準備最近兩週應辦各事。先以文告件分交彥棻與叔諒、冠青、君章諸人辦理之。午餐後小睡，直至二時許始起。衰疲可想，或亦安眠藥之餘效也。叔諒來談，盡謙沖之語。李超英及潘仰山來，叔諒代見之。今日余與叔諒談話最久。傍晚閱第六組件一疊、四組件一疊。以電話接洽公事四次。晚餐後續閱四組呈件兩疊，鄭彥棻君來談，一小時餘而去，為商量四月二十日之文字也。客去後，與芷町商討處務甚詳，作簽呈四件。十二時寢。

4月11日　星期三　陰　六十六度

　　八時起。今日睡眠較足，故精神亦稍佳。朱醫來為我注射 Parandren 第六針，又迄今日止，已注射維他命B1五次。近日心情較定，殆由於此也。研究國民參政員之件，並為整理之。接皓兒自軍中發來第二函，謂在隊中飲食較劣云。上午見客二人，又為道藩兄題字。十二時到官

邸午餐。今日委座宴青年團評議員，到王雲五等二十六
人。午餐後小睡至三時許起。閱六組呈件三疊、四組呈件
二疊。今日道藩未回室，自昨日起即請假也。六時卅分到
熊秘書長家，商談施政方針（下年度）之初步意見。七時
卅分到堯廬，參加本室會餐。為俞侍衛長惜別，並歡迎張
副主任也。飲酒略過量。歸閱文件數件。十一時寢。

4月12日　星期四　陰晴　六十八度

清晨四時前狂咳而醒，不復能睡。思慮潮起，乃飲
開水少許，並續服 S. Amyt 一丸，再睡至八時五十分始
起。閱四組、六組呈件各一疊，又四組批表一疊。委座有
出巡成都之議，約聖芬來指示之。向午周天璈君來訪，芷
町來午餐。致俞部長鴻鈞代電一件，為飭密查某案事。又
發致國防會代電，為改任吳文官長為四屆參政員資格審查
委員會委員。辦發各電後，並與實之略談。四時到美專街
十七號，參加商討本黨政綱政策案，至六時始畢。回寓
後，約道藩來談處務，晚餐後續談。九時卅分往謁委座，
談卅分鐘歸。與芷町及六弟談話。十一時卅分就寢。

4月13日　星期五　晴　六十七度

八時起。接中央社與國際宣傳處之電話，知美總統
羅斯福於昨日下午三時半（美國時間在中國為今晨四時
許）以腦溢血症溘逝，此誠為世界之一大損失，從此公理
與強權之戰爭中，失一具有正確遠大理想之領導者，我中

國對國際間亦失一患難相知之良友。此事影響之大，足使我中國人民於痛悼哲人之餘，不勝其憂念者也。與雪艇通電話，並詢官邸，囑即報告委座後，即考慮應辦發唁電等件，並抄呈美副總統杜魯門之略歷。九時卅分委座約往談，遇雪艇於官邸門，略談後即入謁。旋吳文官長來，商定吊唁及表示哀悼之禮節。明日起下半旗三日。委座原定成都之行，遂亦中止。十時十分到宣傳部，與雪艇、國楨、顯光商定委座致羅總統夫人之吊唁電，與雪艇攜稿親呈閱定。十一時卅分歸寓，閱呈希聖之報告件。午餐後小睡至二時卅分起。發函數緘，並審閱參政員件。立夫、井塘兩兄來談代表大會事，以委座昨交下之名單面交之。並約道藩來，共同商談約兩小時始去。盧主任秘書來，請示三事。與道藩商量業務。閱六組件四疊，晚餐後乃建來談，約一小時。旋芷町來談，並處理四組件二件。十時卅分芷町去，與李立侯通電話。服安眠藥後，仍強忍支撐，核閱四組件兩疊。十二時十分寢。

4月14日　星期六　晴　七十度

八時起。允默已自老鷹岩來渝矣。閱報載悼念羅斯福之論文，中央日報一文甚精彩，而文詞亦佳，甚屬可喜。十時熊天翼君來談，約四十分鐘去。周秘書攜委座核定致杜魯門總統之電稿來，略為整理文字，即送外交部發出。旋黃仁霖來談，為潘小蕚活動參政員，漫應之而已。十二時卅分委座約各院長及常委等午餐，交換對時局

之意見。餐畢晉謁，報告數事歸。發致宋代院長電及傅大使電。二時小睡，三時起。細、憐、皋、明、樂諸兒回家，與之談話。夜芷町來談甚久。閱講稿一篇未畢。十二時就寢。

4月15日　星期日　晴　七十四度

八時十五分起。昨晚睡不甚佳，安眠藥舊品已失效用也。閱第六組呈件兩疊、四組呈件一疊，均昨日所未辦者。閱報載柏林陷落在即。與錢主任接洽撰擬對外電稿之件。朱醫來打針（今日為第七次）。十時往羅漢寺祭奠外姑，允默及皋、細、憐、明、樂同往。瞻對遺容，不禁黯然傷感。同鄉親友臨奠者約八十餘人，王中惠親翁亦到。一時午餐畢，先歸小睡，至三時卅分起。竺藕舫、廖茂如兩君來談。核改講詞紀錄一篇（四月十二日空軍幹部會議講評），甚冗長而繁衍，歷二小時始畢。閱六組批表一疊，四組、六組呈件各一疊。晚餐後與家人閒談。閱呈希聖兄報告一件。十一時卅分寢。

4月16日　星期一　晴　七十六度

八時起。閱報二份，發函一緘。細、憐兩兒今日回校矣。九時到國府參加紀念週，委座主席，並對羅總統致悼詞，全體默哀三分鐘。十時十分禮畢歸寓。閱臨時代表大會之紀錄，擬準備文告，而構思未成。十一時與羅運炎君同赴中央幹部學校，參加羅故總統之追悼會，到者千餘

人。本室致贈輓聯：「為五洲兆庶，鞠躬盡瘁而死；是千
秋萬世和平正義之神。」係芷町所撰。儀式肅穆悲壯，
十二時卅分禮成。一時歸午餐畢，小睡至二時卅分起。吳
任滄君來談農行事。囑道藩出席中委談話會。傍晚實之、
孟海均來，有所報告。改定告菲島僑胞書。閱六組呈件一
疊。晚餐後與道藩談甚久。芷町亦來，處理四組件兩疊。
十一時卅分寢。

4月17日　星期二　晴　八十四度

八時起。昨晚睡眠不佳，略感頭暈。將昨夜寫呈
委座之報告（此一月內應注意辦理事項之列舉）複閱寄
出。又致幹部學校校務會議函（十九日開會請假）。八時
五十分萬秘書來。九時到中央黨部開參政員選舉委員會。
鐵城主席，審閱並決定蘇、冀、察、熱、遼、吉、黑、
晉、平、津、滬、寧等之初步候選人，並商定（乙）、
（丙）、（丁）項等之處理方法。十二時五十分會畢。午
餐後歸寓小睡，至三時卅分起。芷町來商談關於財部報告
之處理事，談約一小時而去。閱第六組呈件一疊，四組件
二疊。約道藩來談，旋即與之同去曾家岩，參加會餐，到
幕僚長多人。委座對黃金案指示：應將報告移送法院偵
查。九時卅分與屬生同車歸美專寓。旋芷町來，共商手
續，並約鴻鈞來詢商。十二時始寢。

4月18日　星期三　陰、雷雨　七十五度

七時四十分起。昨晚屢醒，睡眠甚感不足。為準備青年團開會事，閱七年來之團務報告。九時閻聲師來談農行事。旋惜寸先生亦來談。知顧君翊羣神態失常，與吳副經理積不能容矣。行政院參議簡易（守乾）來談，蕭同茲君來談卅分鐘，皆為人事之件。余告蕭君，應注意消息發佈時刻之剔擇。向午曾虛白來談，鄭彥棻君送來青年團全體幹事會代擬訓詞稿兩種，非不用心，而終不得體。上午見客太多，心思煩疲，服IPR一丸始稍癒。接孫詒書，徒嘆奈何。午餐中對叔諒、祖望有責善之言。午後又服藥小睡，至三時半起。孟海、道藩先後來談。改定開會詞稿，即呈核閱。又閱四組批表一疊，四、六組件各一疊。夜芷町來談，十一時卅分寢。

4月19日　星期四　陰　七十四度　宿黃山

七時五十分起。昨晚睡又不佳，凌晨即醒，而不能遽起，殆衰老之徵歟？作函二緘，一致自誠，囑請假助開會紀錄；一致滇生，囑準備政治報告。約道藩來，囑其代為出席於政綱政策審查會。九時到中央黨部，出席參政員資格審查委員會，到文白、立夫、鐵城、達詮、天翼、雪艇、力子及傲寰、蘭友諸人，由余主席，羅委員長郙子、陳委員長樹人均列席，審查（甲）、（乙）、（丙）三項名單畢，已將一時。並就丁項有所討論，一時卅分畢。疲勞已甚，在中央黨部午餐後，回寓小睡，竟未合眼，殊以

為苦。三時起，閱六組呈件一疊，閱報三種。四時偕省吾
過江來黃山。五時到達，旋委座來，與季陶共談各事，出
外散步三十分鐘而歸。與季陶談話，八時到官邸晚餐，餐
畢略談六全大會事。歸室整理名單交繕。十一時寢。

4月20日　星期五　陰　六十八度

　　六時卅分醒，七時起。山中天氣陰函，濃霧密罩，
余昨晚睡眠又不足，季陶亦失眠疲倦。進早點後，於七時
卅分下山過江。八時卅分到達渝寓。處理文件一疊。九時
林佛性來，在門首略談而已。即往出席青年團第三次全體
幹事會，團長訓話，約一小時畢。休息時十五分鐘，接
開預備會，通過三案，十一時十分散會，先行歸寓。旋
聞被選為主席團，即去函請辭職。另補整理昨晚抄就之
（甲）、（乙）、（丙）參政員名單及原有（丁）項名
單，先呈核閱。一時午餐畢，又研究丁項遴補之標準，詳
為簽呈備核。二時後小憩，未睡熟，殊感疲倦心煩，有目
不暇給之苦。三時卅分到官邸，與果、鐵、雪、力四君同
入見，研究丁項名單。奉委座核定交下，約費一小時許。
歸寓後，芷町來，閱呈下年度施政方針案，處理四組件七
件，道藩來談。今日來客均未見。晚餐後閱批表（四組）
一疊，與希聖談話，發致迪化吳主席電。十時卅分寢。

4月21日　星期六　陰　六十八度

　　八時起。昨睡仍不甚酣，晨起稍感疲憊。發致張君

勸一函，託王世憲君帶去。為參政員事，致各方函札數
緘。又致迪化吳主席一電，處理私人函札一疊。接九妹來
函。十一時於平遠兄來談，知其神經衰弱，失眠甚劇，與
談二十分鐘而去。盧滇生來談卅分鐘。旋道藩來談。向午
改正為柏林攻下預擬之外交電稿三件。今日客來甚多，均
未接見。十二時卅分與陶孟和、傅孟真、姚從吾、陳雪屏
四君到官邸會餐，二時歸。對蒙藏參政員人選，委座面諭
有所更改，以喜饒嘉措列入丁項，而靳鶴聲君只得割愛
矣。二時卅分小睡，四時起。道藩來談。自誠兩次來談。
傍晚芷町來。吳鍊才君於七時來訪，以參政員之件交付油
印。燈下閱四組批表一疊，處理四組呈件兩疊，改正訓詞
稿（五一節）一件，核改外文函稿兩件。十時四十分工作
完畢，十一時一刻寢。

4月22日　星期日　陰　六十八度

七時起。昨晚約睡足七小時，新藥之效用特強也。
盥洗畢，修改講詞紀錄稿（委座於青年團全體會議開會
詞）一篇，以聖芬所記較為草率，而委座原詞寓意深婉，
故修潤補充，甚覺費力，至十一時許始完畢。致朱教育部
長一函，筆錄昨午委座面諭之言送達之。十二時卅分午餐
畢，閱六組批表一疊，其呈件則未暇閱也。就枕小憩，未
入睡，三時許始起。閱希聖所擬之政綱政策稿。與雪艇通
電話。旋乃建來談，約一小時。道藩攜件來談。自誠兩次
來報告團部事。夜整理參政員之件。十一時卅分寢。

4月23日　星期一　陰　六十七度

　　八時起。準備開會文件。九時出席國府紀念週，朱部長報告卅三年度及本年三個月之教育設施，約五十五分鐘，實覺過於冗長，聽者皆厭之。十時五分禮成，先謁委座報告，接開國防會一五九次常會，遴定參政員名單，通過其他法案四件，財政案二十二件（朱朗誦）。十一時接開中央臨時常會，決定參政員名單。與于院長談二十分鐘。十二時許歸寓，與文白等通電話。午餐畢，一時往謁委座報告文白建議，以郭沫若補參政員，委座以為不必變更。又決定七七開四屆參政會，並談黃金案。訪于先生，值午睡，未晤歸。小睡三刻鐘起，呼匠理髮，頓覺頭目清新。閱定函稿二件，閱外論二件。四時卅分往陶園訪于先生。六時一刻到復興關參加青年團閉幕之宴會。委座即席講演，十時歸。十一時卅分寢。

4月24日　星期二　晴　七十二度

　　八時起。何輯五君來談，約一小時。此人見解言論殊覺平庸，而地位慾望甚大，今滔滔者皆是也。閱各報所登消息，蘇軍朱可夫所部已進入柏林市區。核定致戴高樂賀電一件，並研究事前防止學潮事。陳醫官來，為我打針（已注射九針）。閱六全大會已選出之代表名單。十一時芷町來談。旋屬生來談監察院事，並攜來監院致行政院咨文。研究良久，囑屬生下午謁于院長。午餐後處理四組件四件畢，午睡至三時起。道藩來談代表大會事及黔省政局

演變事。閱實之報告一件、希聖報告一件。約冠青來，指
示其工作。焦易堂來談甚久。傍晚轉呈政綱政策之件，並
附呈希聖所擬之件。夜閱讀臨全會開會詞。為監院公布糾
舉書事，電話向各方接洽，費二小時。自誠來談甚久。核
六組電稿。十二時寢。

4 月 25 日　星期三　晴　七十四度

　　七時卅分起。盥洗畢，閱各報，約謝冠生部長來
談。又約程滄波秘書長來談。旋俞鴻鈞部長來談。為監察
院案，乃耗我半日之時間，不得進行其他工作，甚感悵
悵。十一時岳軍先生來談，承惠贈牛油一罐。十二時到官
邸出席參事會報，由博生、雪艇報告國際變遷大勢。二時
歸寓小睡，至三時卅分起。閱前屆代表大會書告各件，約
冠青、叔諒來談。與冠青討論文字。旋道藩來談。傍晚閱
六組件兩疊。閱手諭數件。七時卅分到官邸晚餐，到幕僚
長十二人，商談代表大會各事。餐畢請示開會詞之作法，
未蒙詳示。九時歸，閱批表一疊，辦文件二件。十一時十
分就寢。

4 月 26 日　星期四　晴　七十六度

　　七時卅分起。閱報知柏林已合圍，景狀極慘，強暴
侵陵，乃竟自食其果，殊為德國一般民眾悲之。谷正鼎君
來談陝省黨務。彭昭賢君來談其今後工作志趣及新疆省
事。楚傖來談，為其女請求出國事。約冠青來談，介紹其

為代表大會之秘書。十二到官邸見委座，報告近事。十二
時卅分至委座約各院長及吳、雪、立三人午餐，商代表大
會事。二時歸寓小睡，至三時一刻起。許孝炎君來談。旋
盧滇生兄來談。傍晚閱六組件三疊，改定致余漢謀電稿一
件。洽卿先生病逝，為報告於委座。晚餐後，實之來，報
告中央黨部開會情形，談一小時餘而去。黃溯初君亦於今
日逝世，殊可悼惜。十時洗澡，十一時卅分寢。

4月27日　星期五　晴　七十九度

　　七時卅分起。作函札四緘。擬慰唁黃溯初電一件。
唐組長乃建來談約一小時，以中宣部之件應處理辦法面交
之。核六組呈件二疊，核呈新疆案宣判件一件。十時卅
分到三北公司，代表委座吊洽老之喪，與佐庭、曉籟、
荷君、一平等略談而歸。邀陳醫官來打針（今日止注射
Parandren 滿十針）。午餐後小睡至三時起。委座約赴黃
山，乃整理各件，攜省吾過江。四時五十分到達，寓桂
堂。辦理委座交下之件，旋至新草房侍談。季陶亦在座，
嗣同出散步，到廣元壩後而歸。季陶不知余有事，健談至
八時未畢。旋委座來共晚餐，餐後侍談一小時餘歸室。檢
呈前二屆代表大會各件，摘編目次。十一時五十分寢。

4月28日　星期六　陰晴　七十九度

　　六時前即醒（昨晚睡眠大不佳，以用腦過深，而交
辦之事太雜，且與季陶談話太久也）。七時起。安排本日

工作，竟不知從何處先行著手。八時以委座所需要件檢呈之。而季陶又來長談二小時，工作為之干擾。彼誠不知有事者之痛苦也。十時卅分隨委座與季陶同車過江歸渝。十一時卅分到達，先約道藩來談，以招待代表之件交之。一時午餐，餐畢服藥一片半，小憩。然腦筋既疲滯，又興奮，久久不能合眼。思慮之潮矇矓紛雜，強臥至三時卅分起。閱六組呈件一疊，擬約佩秋等來談而未果。委座欲以徐佛觀、曹翼遠為大會期間之秘書，俾能觀察會場進行，而研究黨務改革，今晨請示，以羅佩秋君綜持其工作。然今日下午三君皆不在渝，欲約談而不得也。複閱徐佛觀君之意見書二件，余殊不明此件何能作為提案。實之來談卅分鐘，劉則之、蕭化之二君來訪，談黨的前途與內部配合協作之必要，約一小時而去。至是余之精神大感困憊，重服SA（大）一丸，就床小憩，僅睡二十分鐘，仍不能得睡眠。而頭痛心跳又作，今日真為最枉費時間之一日矣。夜與道藩略談二十分鐘後，決心休息不作事，僅閱四組件三件。芷町來談，稍解沉悶。十一時卅分寢。

4月29日　星期日　雨　七十三度

七時起。昨晚大雷雨，而睡眠甚酣，竟不覺察，但晨醒特早，大約為心中有事，懸懸於撰擬文告之故。盥洗畢後，自八時起，即從事蒐集各種參考之材料，摘錄而彙存之。又閱報三份，見傅孟真羅總統與新自由主義一文，道人之所未道，精心結撰之作，殊心賞之。向午覺疲倦

而患心跳，略進安眠劑IPR 一丸半。午餐後小睡，至三時十五分起。項定榮君來談。道藩書面報告審議政綱之結果。實之亦來談。雜務紛乘，至開會詞一無成就。委座約往山洞晚餐，以準備文字，辭未往。晚餐後閱四組件一件、六組件一疊。草擬開會詞一前段。服藥後十一時就寢。

4月30日　星期一　雨　七十度

七時起。盥洗畢，即著手繼續撰寫開會詞，然腦力疲鈍不堪，思慮散漫，不能集中，以日期已迫，不能不努力趕撰，至十二時僅寫成五分之三。其間實之來談十五分鐘，為列席代表事也。午餐後改正講稿紀錄一篇。小憩未入睡，僅合眼養息，至二時卅分即起。續成文稿，不計草率，僅後段略有氣勢。四時卅分完畢交繕。約佩秋、佛觀、翼遠三人來談，以委座命彼等研究本黨改進之任務告之。又閱六組呈件一疊。宏濤攜委座手翰來，對開會詞又加入新意，凌雜而不堪整理，燈下勉力改撰，異常費力，一時就寢。

5月1日　星期二　陰雨　六十六度

今日開始實行戰時提前工作時間制，普遍的將鐘點撥快一小時，故晨起已在八時三刻以後，遂不及參加國民月會。盥洗進餐畢，閱本日各報。墨魔陳屍米蘭，希魔傳已暴卒。枯萬人之骨，開侵略之端，有此下場，亦固其宜。十時將開會詞稿校正送呈。潘昌猷君來談。旋黃季陸來談。閱實之送來之報告。對代表大會之無人負責，甚切殷憂。閱六組呈件一疊，發函兩緘。午餐後小睡至二時卅分起。實之來商公務。道藩亦來談一小時許。公弢自滇來，未遑接見也。四時卅分委座約往談，以開會詞交下，命改易次序，重加修正，殊不易整理，暫且置之。六時奉交下政綱政策之件，亦有詳細指示。交希聖研究之。夜閱四組件三件。十時起改開會詞，未完畢。一時卅分寢。

5月2日　星期三　陰　六十五度

七時五十分起。繼續修改開會詞，依照委座指示，為之更易次序，增刪內容。將愛護革命歷史一節提前。原擬將第二、三段併合重寫，而無此大氣包舉之魄力，只得任其前後重複矣。臨時又奉電話，將第一段重寫。十時五十分修正完畢，一時許送呈之。午餐時公弢來，飯後談三刻鐘，仍小憩至三時十分起。閱六組呈件二疊，四組件一疊，核改湯吉禾秘書擬函稿一件，又核閱曹聖芬紀錄（對中國陸軍總司令部之訓詞）一件。四時五十分參加官邸報告代表大會各組結果之小組會，委座對政綱政策指示

特詳，六時卅分散會歸。乃建、宏濤先後來談。致陶孟和
一函，又致曉峰一函，託其轉交，均命四弟親送之。閱國
民政府提出之政治報告，為之校改。八時到官邸陪客，今
晚宴馮欽哉、達理札雅、高蘊山、彭澤湘諸人。十時歸，
芷町來談。十一時服藥，十一時二十分就寢。

5月3日　星期四　晴　七十四度

七時五十分起。盥洗畢，將開會詞稿作第三次之修
改，勉強湊合，甚費心力，至十一時許完稿。接閱公展兄
送來之報告件，覺措詞有甚不妥者，尤以後段為甚，為之
修潤之。午餐後小睡至二時卅分起，繼續修改完成，即以
電話報告委座。奉諭不呈核。以電話約公展來談，而公展
竟日外出，未接洽也。委座今日去黃山，欲余同往，以事
冗未果。四時果夫來談，商開會之準備。又約羅佩秋來
談，以黨務研究要點之手諭交之。果夫談至七時許始去，
其言論終覺與余格格不入，或所受教育與早期生活不同之
故歟？夜芷町、乃建先後來談。閱四組件三件、六組一
疊。十二時寢。

5月4日　星期五　晴　七十七度

七時五十分起。盥洗畢，閱報後，往訪董顯光君。
以其患心臟擴大症，且聞近日心緒惡劣，有精神失常之現
象也。坐談一小時，竭力勸慰之而歸。今日道藩往中央黨
部，參加臨時常會。午刻實之有書面報告。十一時卅分約

公展來談，以聯秘處報告件改正後面交之。午餐畢小睡至二時卅分。閱中央黨部狄副秘書長攜來之檢討表，繁複紛紜，而又枯燥，凡十餘張，閱之甚費時。此何能呈總裁乎？六弟、四弟助余節錄開會詞，略加校改後，即送國宣處翻譯。晚餐蕭自誠來談。閱六組件一疊、四組件兩疊。九時到官邸，會商開會準備之件。對選舉辦法及主席團人選均有所決定。十二時就寢。

5月5日　星期六　雨　七十度

七時五十分始起，猶有睡意也。八時五十分到復興關，參加第六次代表大會開會式，到代表四百六十餘人，中委一六〇人，總裁致開幕詞，歷卅五分始畢。休息卅分鐘後，接開預備會議，通過主席團人選（卅六人）及議事規則等。十一時散會後，與慕尹、同茲談話。十二時歸寓，閱文件兩件。午餐後小睡，有極疲頓之感覺，而合眼不及一小時即醒。道藩來談一小時。浙江代表羅霞天、阮毅成、許紹棣、李楚狂、方青儒六君來訪，談一小時。為準備宣言事，約季陶來談。彼對本題無具體意見相示，堅欲複述五次大會宣言及總理實業計劃結論之遺教，余不盡謂然，但彼談興甚豪，時涉題外之語，至十一時始去。十二時就寢。

5月6日　星期日　雨　六十八度

七時五十分起。今日大會主席團上午開會，討論分

組審查人選等事。余在寓閱歷年宣言等件，思欲先整理一
要點，而因戴君昨日長談，堅持不必加新入之意（以重申
五全代會以來之宣示為主），為此一念所拘束，乃打不開
思路。道藩來談久之。中午奉委座諭，代為招待海外代
表。到梅友卓、何少溪、陳質平等二十七人。僑胞誠摯熱
烈，令人感動。二時會餐畢，歸而小睡，至三時許起。立
夫兄來談選舉辦法，約一小時而去。實之來談大會各事。
旋希聖兄攜政綱案來談。適委座約往談話，乃至官邸謁委
座，便中請示宣言要點。委座謂須因應時勢，不能專提舊
日之語，並交下各件，命研究。歸寓後，溯中來訪。晚餐
時食立夏食品。九時官邸會談，各人有報告，委座有指
示，至十一時始散。十二時卅分寢。

5月7日　星期一　晴　七十二度

七時十五分起。昨晚睡眠未足，今日不得不早起。
閱報後於八時卅分往全國代表大會，出席紀念週。由總裁
主席，並訓話，歷三刻鐘始畢。詞意痛切，全場感動，然
奔競自私之風，能否因此根絕，則不可知也。人心陷溺隨
波逐流而不自知，深可慨嘆。休息時進謁總裁，報告對於
會場之見聞，並陳述不能贊同李錫恩、劉冠儒辭職之意
見，總裁未置可否，但頷之而已。十一時接開大會，由吳
秘書長報告文件，宣佈各國賀電，以埃及、伊拉克兩國措
詞最為懇切。他人之屬望如此，我黨何以副之乎。以有事
請准先歸，閱六組件三疊，考慮宣言無所得。並核閱羅、

曹、徐三人之提案，分別批注而交還之。十二時五十分到堯廬，奉命招待蒙藏代表，到白海風、黃正清、白雲梯、堯樂博士等二十一人，餐畢簡單致詞，二時卅分偕道藩歸美專寓。三時出席第二次大會，聽取政治報告，由文官長吳達詮宣讀，歷時甚長，至六時始畢。歸寓後滄波來談。余以疲甚小憩一小時，七時起。道藩來談。處理四組呈件七件。七時五十分晚餐畢，道藩來續談，芷町亦來談，良久而去。十時後研究政綱政策無結果，約希聖來共商久之。此件最難確定。研究宣言，至十二時卅分寢。

5月8日　星期二　晴　七十七度

七時十五分起。今日上午大會，具函請假，並函託甘自明兄，如有質詢國防會之案，請代為說明。八時卅分允默自山洞來渝，以我冗忙，特來照料。九時閱報後，考慮宣言內容，苦思良久，略有所悟，但不及筆記要點。十二時十分往謁委座報告，未蒙贊同。歸寓後閱六組呈件一疊。午餐畢（今日招待淪陷區同胞，余以事未參加）。已一時，小睡至三時起。委座約往談，指示宣言作法，與我之腹案完全不同。又交下關於選舉之件，歸後即約立夫來面交之，並討論初選辦法，一小時而去。芷町攜四組件三件來談，分別處理之。四時卅分道藩來談，旋季陶來談宣言事，所見與余大不相同。晚飯後始去。與道藩續談卅分鐘，為慶祝歐戰結束，與各方通電話。十時後核改政綱件。十二時送呈核。十二時十分就寢。

5月9日　星期三　晴　八十二度

七時卅分起。閱報及參考消息後，委座約往談，十五分鐘而歸。閱許孝炎送來中共七次代表大會毛澤東之報告，滿紙劍拔弩張之姿態，其存心叛國必矣。校點後即送呈委座核閱。又另呈簽呈二件，為代表選舉事。十時後開始草擬宣言要點草案，至一時始完畢。約芷町、佩秋先後來談，以擬議黨務案與經濟案交之。閱四組呈件四件。今日廢除午睡。三時十分偕王冠青同志出席宣言起草委員會，戴君主席，到二十人。余提出要點，各人交換意見，舍己從人，喪失自信。余慷慨發言，不無激越開罪他人之處，最後仍推定由余執筆撰初稿，討論歷三小時半始散。七時往謁委座，交下政綱之件。約希聖、芷町來談。閱六組件一疊。十一時寢。

5月10日　星期四　雨　六十九度

七時卅分起。今日本擬著手起草宣言，但要務一時紛集，各種待呈之重要文件均非親閱不可，終日為諸事所擾，雖未出門一步，而終於未曾動筆。計工作之可紀述者：

（一）上午複閱希聖重擬之政綱案，略予改定，午後呈核；

（二）檢討大會中待決定之各要案，作詳簽一件，報告委座。

事畢已在十二時卅分。午餐畢小憩，至二時起。

（三）為佩秋核改黨務改進案（根據委座手諭及今日對
　　　大會之講詞，斟酌損益而成），囑佩秋逕為繕呈；
（四）聽取道藩之報告約十五分鐘；
（五）核改星期一委座講詞紀錄，費一小時；致芸生、
　　　誠夫一函。
（六）初步核閱芷町所擬之經濟緊急措施案；
（七）核呈四組所整理之各種名單；
（八）核閱六組文件一疊。

　　八時晚餐，餐畢後，閱四組件、胡秋原君送來宣言
稿，閱讀兩遍。與芷町談話。十二時寢。

5 月 11 日　星期五　陰　七十一度

　　八時起。猶甚疲倦，不欲遽興也。盥洗畢，閱報數
種，準備起草宣言，取秋原之稿誦之，覺其組織散漫，行
文亦太草率，實不能用為底稿。十時後仍覺此文佈局太
難，愈思愈深，不得端緒。取第一、二次及五次代表大會
與五次歷屆全會宣言畢讀而摘記其要，至午始畢。道藩、
實之來談所見所聞，使人頭痛心痗。黨之不振至此，尚何
宣言之足云乎。午餐畢小睡至二時卅分起。雪艇、騮先來
函呈薦候選人，先後為之轉呈。雜務仍多，雜念紛起，心
思不能集中，直至晚九時尚無一字。此文之難，真乃從來
所未有，而余心境之痛苦，文思之遲滯，亦以此次達於極
點矣。可嘆可愧。閱六組呈件畢，疲勞頭痛異常。芷町來
談。一時就寢。

5月12日　星期六　陰　七十二度

　　昨晚亦服適量之藥，但因心中有事，今晨五時三刻即醒。神疲意倦，而窗外鳥聲聒耳，至七時實不能再睡，乃勉強起床。作函兩緘後，開始起草宣言。文思艱拙，而時間已迫，只得草草成篇，亦不計字面之重複與否，至一時約寫成三分之二。勉進午餐畢，掩窗小憩，竟未入睡，二時起，甚不能支，服IPR一丸再睡，至四時起，呵欠不止，心跳欲嘔，蓋至此始覺疲勞極矣。自四時至六時繼續撰寫。七時晚餐後得金誠夫函。至九時始續成完稿。與芷町閒談遣悶，心思始趨閒定。十一時卅分寢。

5月13日　星期日　晴　七十四度

　　八時起。校閱宣言初稿，送呈總裁核閱，並通知季陶，恐其懸心也。十時朱仰高君來，為余注射Betalin針。上午閱六組情報件二疊外，完全休息，使疲勞稍就恢復。乃建來談三刻鐘而去。午餐後小睡至二時卅分起。四時往謁委員長，報告大會應議各要案，並陳述各案處理先後之意見。委員長已將宣言核閱，即交回，囑略加修改。又同時交下政綱等六件，命整理研究之。五時卅分，自誠來談，幼稚囂張，見之生厭。接委座電話，又交研擬三案。如此局促紛雜，何以作事。勉強抑止焦燥，至七時五十分仍無成就。約希聖來談，以政綱案交之。八時到官邸陪各常委晚餐，討論大會選舉等事。人多話多，至十時卅分始散。往訪季陶，請其初閱宣言，又是刺刺不休一番。十二

時歸，即寢。

5月14日　星期一　晴　七十八度

　　八時起。昨晚入睡太遲，當已在二時以後，晨起精
力甚疲。知大會今日紀念週，委座將作政治報告，然余諸
務繁集，同一時間空間，須趕速研究五、六件之要案，乃
以頭腦神疲，去函請假，託蕭秘書留心紀錄。九時後修改
宣言初稿，照委座指示及與季陶商量者，逐段修改。季陶
之意見過於固步自封，殊不察外間輿論及一般無所謂之中
立智識分子對本黨輕蔑至何種程度，只一味說舊話、冠冕
話，絕無一點自省自勵之意。且對於若干文字上之用語，
特殊懷其偏見，甚至神經過敏，至極可笑之程度。然彼對
黨究屬忠心耿耿，余亦不能不酌納其意。間有違心之處，
亦屬無可如何。至十一時改畢。約芷町來研究政綱案，囑
其就希聖昨晚所擬案充實而簡化之，余再為核閱，至一時
完稿。道藩、自誠、叔諒來談。一時卅分午餐。餐畢小
憩，至二時卅分醒。三時季陶突然來寓，商酌宣言，又長
談一小時。余以改正稿交其攜去斧削。委座約往談話，研
究政綱案，增列黨綱案及雪艇所擬之案，約四十分鐘。出
至四組，與芷町共同整理。歸寓後交清繕。接委座電話，
提乃建、希聖、芷町為候選人，余未呈保而自動列入，可
感。六時卅分到大會會場，以兩案交鐵公。七時到官邸陪
客。今日宴浙、閩、贛代表，余未及晚餐而歸。夜與道
藩、芷町談黨務修改雪艇所擬之案。實之來談。十一時盛

晉庸來談。十二時寢。

5月15日　星期二　晴　八十四度

　　八時起。以雪艇所擬案之修正稿送呈總裁核閱（午刻奉核定，午後送大會）。注射針藥後，到大會會場勵志社，與戴、葉二君研究宣言。戴君太矜重，葉君又相當疲滯，余以執筆屬稿之人，未便固執成見，只得聽彼等修改。惟彼二人對修辭論理似無暇顧及，往往刪節當分，失文從字順之旨。至十二時整理完畢，即至官邸陪客。一時卅分午餐後，侍談甚久。二時卅分歸，天放、公展等來訪。小憩至四時起。到中央黨部開宣言起草委員會，孟吾、秋原、少谷、佩蘭、彥棻、九如、均默發言甚多。六時卅分散會，為總裁選舉問題偕戴、葉二君往訪稚公，略談仍回中央黨部，請覺生、鐵城先生來共商。九時晚餐後歸。芷町、佩秋、乃建、道藩來談。十二時寢。

5月16日　星期三　晴　九十一度

　　七時五十分起。盥洗完畢，盛晉庸、李中襄來談。八時卅分到官邸，適委座約吳、果、立、文白、辭修、慶雲商候選名單，已及其半，余亦旁聽，實不感如何興趣。既畢，隨委座上樓，研究青年團之件，旋即退出，往會場參加第十三次大會。討論政綱案，異常熱烈，然各代表發言頗有幼稚而激越失態者，十二時卅分畢。午餐後小睡，至三時許起。呼匠理髮後，往謁委座，談卅分鐘歸。到會

場出席第十四次大會，討論總章案。發言者甚多，最後通過，七時許散會歸。公展、天放來談。芷町來略談而去。自誠來談。閱六組件。夜乃建、實之來談。與道藩談。至十二時卅分寢。

5 月 17 日　星期四　晴　九十二度

八時起。盥洗畢，朱醫來注射Betalin針。約冠青來，與之共同商改宣言初稿。詎第一段甫經改完，而果、立兩兄來訪，再四以關於中委淘汰問題央余向委座進言，解決其困難。商談約一小時許，與果夫同往官邸，面陳委座，幸蒙聽納，即下手諭確定，以八人不必列入候選名單。果夫先退，余續留卅分鐘。以外交報告決議案及中共問題決議案原文呈請決定。奉修改後，交下。至十時五十分攜回，即分函秘書長報告之。十一時後繼續修改宣言稿，至一時完畢。與冠青、實之同餐。二時道藩、經國來談上午會場內攻擊盛晉庸之情形，談四十分鐘而去。研究政綱政策之修正案，並宣言稿，均於四時五十分送呈之。五時委座約往談，交下政綱案之核定稿，即送實之轉吳秘書長。旋代擬設置羅斯福大學議案。芷町來談，甚令余失望。十二時寢。

5 月 18 日　星期五　晴　九十二度

八時起。閱私人函札數件，九時到大會參加第十六次會。總裁親臨致詞，對政治、經濟、軍事改革有詳切報

告，並力言以黨的自強自信為一切之基本。語極誠摯而透切。休息十五分鐘後，討論政綱案（在會場兩謁委座）。十二時十五分散，到官邸晉謁，請示宣言稿後，陪同海外代表及馮芝生教授等午餐。餐畢已將二時，即回寓。天熱而神經緊張，不能入睡。乃廢除午睡。三時後約冠青來，共同修正宣言，均照總裁之指示為之。五時修改竣事。閱六組件及發文稿等。七時晚餐後，天氣愈更悶熱，不能作事。溯中以某事來談，時遲不能為之盡力，甚覺抱歉。十二時卅分寢。

5月19日　星期六　晴　九十三度

八時起。閱來函數件，報紙評論數種。大公報一文，偏宕之情充溢楮墨之間，對本黨決議略無信任之心，社會觀感可知矣。約冠青來，以宣言修正稿（照總裁核示者改）交彼攜往會場，送季陶、楚傖、哲生諸君研究審定，余不擬到會，以連日疲憊不堪囂煩也。十時接實之自會場來電話，乃往出席第十七次大會。先至主席團室，與季陶等商定宣言文字，即付印刷，以備提出討論。旋至會場，表決通過各組審查會報告及黨務報告決議。繼即舉行中央委員之選舉。總裁親臨主席，說明增加名額至四六○名，痛切指示本黨內外環境及選擇中委應顧及黨的需要與建國時擔負各種不同任務之重要，即提出兩種辦法：

（甲）以候選人（包括總裁提薦者）總名單八○○人請
　　　圈定四六○人；

（乙）總裁提出四八○人，由各投票人自行選擇，刪去
　　　二十人，成為四六○人。

任擇一種均有效。余採用（乙）種辦法，亦投一票，時間
匆促，所勾去之二十人是否適當，已不暇計也。二時散會
歸午餐。念此次大會競選中委情形之惡劣，甚為本黨恥
之，亦為本黨前途憂之。午餐後小憩，天熱不得暢睡，三
時卅分起。以希聖此次不獲決選，有遺珠之憾，特致函道
意。委座約往談話，詢大會情形，余直陳所見，謂此後中
央三種人雜揉一起（甲、俄德思想合併者；乙、英美思想
浸潤者；丙、固守主義立場而不達時變者），一切設施倍
感困難，余甚以為懼。竊謂下屆全會各事，非即速準備不
可。委座以為然。退出後往訪鄧晉康君。旋又往興文銀
行訪滇省諸代表（外出未遇）。八時到體育場參加宴請
代表之晚餐，聆委座自述其身世及個性時，忽有感痛，
不禁淚下。旋稚公致答詞，十時與乃建同返。洗澡後
十一時就寢。

5月20日　星期日　陰、微雨　七十四度

　　昨晚大雷雨，中夜驚醒，清晨又早醒，睡眠極不
佳，七時五十分起。得各方報告及實之來談，知此次選舉
中各部分猜疑過甚，互信消失，糾紛怨望，無所不有，真
堪浩歎。致希聖、芷町、實之各一函。閱全會通過之各種
政策綱領案。到官邸謁委座，略談歸。午餐後小睡，至三
時起。冠青攜來宣言印刷件。三時卅分約季陶來，共同校

閱。潘昌猷君來談，卅分鐘而去。芷町來談，與日前之牢騷不平大不相同矣。彼既悔悟，余亦不再耿耿於懷，然以此知未能免俗者之多也。七時謁委座，報告潘文華候補執委事。晚餐後與六弟等閒談，知開票情形極紊亂。十二時道藩來談。一時就寢。

5月21日　星期一　陰　七十六度

七時前即醒，八時十五分起。張廷休、王亞明來談。十時到會場，參加紀念週。總裁為各代表誦孫文學說序，勗各同志言必信、行必篤。十一時接開第二十次大會，宣布開票結果當選執監委員四六〇人，劉多荃等五人自願讓賢，大會予以接受。繼通過軍事決議及大會宣言，居然順利表決，殊出意外。十二時卅分行閉幕式，總裁三次致詞，並親自朗誦宣言，一時卅分禮成。與文白談話，不勝感慨。繼謁總裁，承詢對全會感想，暢陳所見，約十五分鐘。隨委座同車歸。二時卅分午餐。餐畢致鐵城一函，商全會日期。小睡至四時卅分起。雲南省黨部李耀廷來談，旋冠生部長及查良鑑院長與師沆檢察官來訪，與屬生、芷町同見之。夜閱四組呈件。十一時就寢。

5月22日　陰晴　星期二　七十八度

七時卅分起。閱各方函札數緘。實之來談，並送來大會日刊一疊。新疆回京同志黃如今、林伯雅、張志智、童世荃、屈卓吾（未到）、周明、丁慰慈、魏中天、陳洪

海、蕭家馴、汪祖惠、俞志遠、龔夏十三人來訪，談卅分
鐘去。閱各報載代表大會閉會情形，研究中委名單，抄錄
一份送呈之。延陳醫來打針。上午疏散腦筋不作事，但忽
患眼皮炎痛。午餐後休息至三時卅分起。所患略癒。四時
委座約往談，發致孔庸之電。奉交下全會件兩件，先行發
抄。到四組與芷町談話。閱四組件三件、六組件兩疊。乃
建來談良久。八時歸晚餐。夜與希聖兄詳談兩小時，核改
十四日講詞一篇。十一時卅分寢。

5月23日　星期三　陰晴　七十八度

七時五十分起。盥洗畢，實之來談。致龍繩武一
函，託李耀廷書記長帶去。複閱昨日奉總裁交下之六全大
會後宣傳綱要，六全大會中之觀感兩件，以個人函件，附
原件送吳秘書長，託實之弟親自賫送，期迅捷也。朱醫來
打針。轉上鐵城、雪艇、書貽三人之辭呈，閱全會之議事
紀錄。約道藩來談約一小時。竺鳴濤君來談，余對之發
言，不免激越。午餐後已將一時，就枕小憩，未入睡。二
時卅分到中山室，出席區黨部第五次會議，四時畢。與果
夫略談，即至四組約見陳漢平秘書，囑其詳閱全代會決定
之政綱案，與各項政策綱領，有無重複矛盾者，並囑閱孔
君寄回之國際金融會議之件。自誠來談，牢騷見於詞色。
與芷町談外交及財政。六時歸，約世璧來談。閱六組件一
疊、四組件兩疊，修改敍餐講詞紀錄。十二時卅分寢。

5月24日　星期四　陰　七十六度

八時十五分起。致立夫一函，知其抑鬱無訴，善為慰遣之。寄盧滇生一函，閱簽本室應否辦理立法手續事，即送還第一組。複閱昨日校改之敍餐訓詞後半段，已在服藥以後，幸尚無錯誤。鐵城送來一中全會前要案處理辦法，即送呈之。九時卅分起，繼續修改政治總報告紀錄之下篇，著筆為難，進行甚緩。十一時張西林、龔仲鈞來訪，與談約一小時。客去後午餐。芷町來談，遂不及午睡。修改政治總報告，至三時完畢。接續修改二十一日紀念週訓詞紀錄，內容空虛，為之補充，甚覺費力。道藩來談約卅分鐘，杞憂過甚，形容憔悴，可憂也。五時白虹陪同彭國棟（郁文）同志來見，擬約其入侍從室工作。客去後，將訓詞加綱要後，約聖芬來面交送呈之。閱六組件一疊，飯後閱四組批表、呈件各一疊。芷町來。十二時寢。

5月25日　星期五　晴　七十八度

八時十五分起。接黃山電話，欲余偕岳軍上山，往約岳軍，知其無暇，乃單獨前往。十時動身，十一時前到達。途中閱中央秘書處所印之大會決議案，到山上後閱讀完畢。委座約在廊下談話，以關於一中全會之所見報告之。蓋近日所深憂者，乃在本黨今後設施與一般同志心理之趨向也。一時到官邸午餐，續有垂詢，並問余身體何如，答稱尚健。其實我之疲勞亦不待明言也。回室小憩，竟不能入眠。四時隨委座同車下山，四時五十分回寓。閱

四組呈件、批表一大疊。六時往訪鐵城，談卅分鐘而歸。
心中忽覺悵觸萬端，無可形狀，頭痛欲裂。又閱希聖、漢
平報告各一件，至八時卅分始進晚餐。餐畢，實之弟來
談。皓兒今日自昆明歸來，余亦無暇與談也。閱講稿，至
二時始寢。

5 月 26 日　星期六　陰晴　七十七度

　　昨晚因修改政治報告第一篇，用腦過久，入睡太
遲，今晨疲倦已極，睡至十時卅分後始起。將講稿送呈再
核。閱報後辦四組件兩件，核閱軍校所擬蔣公銅像頌兩
件，酌易數字，即送還蕭化之君。此件係蕭君函託也。午
餐後約希聖來談一小時，閱呈希聖之研究報告。文藻來
談。續閱政治報告第二篇修改件。厲生兄來談行政院事，
兼論黨務。道藩亦來談，約一小時。閱第六組呈件，八時
到官邸，陪同吳、于、戴、葉、果、鐵等十八人，敘餐商
談一中全會各事，至十時卅分始散。歸寓後又複校閱敘餐
講詞、閉幕式講詞各一篇，直至一時就寢。

5 月 27 日　星期日　晴　八十四度

　　九時十五分起。近日大感疲勞，而憂思亦增，因黨
內意志尚難搏合一致，一中全會將開，諸事均無準備也。
以前每次全體會議，余均處於協助地位，盡我所能。而此
次則顧慮多端，不知從何處貢獻。即有意見，亦難自信，
不敢提出，是殆環境使然歟？午前休息，理私人文件。皓

兒歸來，欲投考譯員，余以譯員需要甚切，許之。午飯後
天時轉熱，小睡不佳。研究中央黨部之組織，檢法規彙呈
之。芷町來談，漢平、佩秋先後來談。晚餐後往謁委座，
未晤。歸作簽呈。與道藩暢談身世，約二小時餘。至十一
時十分就寢。

5月28日　星期一　雨、傍晚晴　七十七度

八時起，昨夜大雨，中宵驚醒，凌晨又早醒，心繁
神疲，殆連日失眠之故也。九時到復興關參加六屆一中全
會開幕式，總裁致訓時，誦孫文學說「能知必能行」全
章，約一萬四千餘言，可謂語重心長矣。不知聽者之感應
何如耳。十一時散會後，謁委座略談而後歸。聞下午即討
論中央組織案，以所聞總裁之指示函告雪艇、立夫、自明
三君，皆會議委員會之召集人也。午餐後小睡未熟，二時
卅分起。繫念本黨前途，憂悵不可名狀。三時卅分實之來
談。四時卅分乃建來談。五時往訪哲生院長，與談代表大
會及全會事。彼注重於各黨派問題之解決，以為此於反攻
軍事，於對蘇外交均關重要。六時歸，閱六組呈件及四組
件各一疊。道藩來談，晚餐後始別。九時卅分謁委座，十
時卅分歸。十一時就寢。

5月29日　星期二　陰晴　七十九度

八時卅五分始起，猶覺異常疲倦。蓋昨日晚餐時服
LUM 一丸，臨睡又服三丸，實已過量也。今晨大會未去

出席，在寓閱全會提案等多件。閱六組呈件一疊、批表一
疊。午餐時實之來談，知上午討論中央組織案，其發言情
形更混亂，實甚可憂。午餐後小睡至二時卅分起。擬呈關
於國防會之交議案，又轉呈中央黨部團部處長以上名冊。
五時芷町來談，處理四組件五件。道藩來談下午審查會情
形。八時漢平來談。八時一刻到官邸會餐，商黨務組織
案。委座有極繁複錯雜之指示，十時四十分歸。十一時卅
分去。

5 月 30 日　星期三　晴　八十四度

八時起。複閱昨晚總裁指示要項，甚感頭緒之紛
繁。余之思路總不能與之強歸一致，實最感煩悶者也。九
時到復興關，出席一中全會第二次會議，通過審查報告及
中央組織方案之要旨，十二時卅分散會歸。應召至官邸，
代呈立夫託呈之件。午餐命擬閉會詞。餐畢與經國談二十
分鐘。歸寓小憩，至三時三刻起。處理四組件兩件。道藩
來談，頗覺其不能體察人情，亦不能把握現實，雖已力求
超脫，而成見猶存，其又一缺點，為論事不能絲絲入扣，
滋可惜也。四時卅分後，研究孫文學說五、六、七章。五
時卅分後起草閉會詞。八時卅分晚餐畢，蔣副官送來補充
要點，甚紛亂難理。十時應召往官邸，談孔君辭職事。歸
與希聖談話。繼續撰寫，一時完成，即寢。

5月31日　星期四　晴、下午陰、熱悶　八十四度

　　昨晚三時後始入睡，今晨七時卅分即起，睡不足四小時也。複校閉幕詞稿後，即飭送呈。九時出席全會第三次大會，通過總裁交議之各案，准孔辭職，以宋為行政院長，翁詠霓副之。休息一小時，以孫委員等之建議，總裁命將閉幕詞稿再改一段。繼選舉常務委員二十五人，余亦與焉。實非我之志，亦非力所堪（下午呈總裁請辭未奉批）。十一時卅分舉行閉會式，總裁致詞，禮成即歸。芷町來談，承命再修改發表件，並擬覆孔之電稿。一時卅分小憩，然疲極轉不成眠，二時卅分起。兩次接委座電話，辦理發表文件。天氣悶熱，心理鬱結不舒，呈辭常委，又不獲覆，甚為悶悶。閱六組呈表四疊、批表一疊、四組件兩疊。八時到復興關，應總裁宴各中委之約會。十時卅分歸，即寢。

6月1日　星期五　晴　八十六度

八時起。昨晚睡足七小時以上，今晨醒來，精神似已恢復大半矣。閱各報評論，仍以中央日報最為警闢，掃蕩報一文全係浮光掠影之詞，大公報一文則泛論戰局，措詞迫切而厲，蓋認識有所不同也。十時卅分往訪岳軍，兼訪鐵城，談今後黨務及余擬辭常務委員之事。但鐵城以為不然，應俟總裁決定。十一時歸，十二時俞財政部長來訪。一時午餐後，小睡至二時卅分起。閱六組呈件三疊、四組批表一疊。滇生、振夫、練才來談國防會事，約一小時。立夫來談，託呈函件。五時後道藩來談甚久。余漸覺此君有熱情而缺條理矣。六時天氣悶熱，朱醫來打針。夜可亭來談一小時。芷町來談，十一時去。十二時寢。

6月2日　星期六　陰晴　八十五度

八時五十分起。昨晚睡眠亦酣暢，近日真須休息，以恢復一個月以來之疲勞也。案上積存之參考件歷亂如山，幾不能再置他物。乃就代表大會前準備各件，以至全會之件均一一整理之。至十二時卅分完畢。前日辭常務委員上總裁之呈文，昨晚蒙批可，乃以代電達吳秘書長。午餐後小睡起，目枯痛而肢節痠疼，蓋初熱及濕氣太重之故。道藩來談一小時。國防會專委會陳洪、錢荔浦、賴特才、彭鎮寰四君來談，所請求聲訴者多屬誤會之言，善為慰勸之。徐景薇君來談，無意於昆明行務，允回渝服務。廷黻約其當顧問，囑向錢新之疏通云云。閱四組、六組件

各一疊。公展來談。夜與皓兒、皚兒談話，多可慨者。
十一時寢。

6月3日　星期日　晴　九十二度

　　八時卅分起。昨晚睡眠尚佳，但積月疲勞，又值驟
熱，甚感不易支持工作之苦。上午決心休息，與諸兒侄等
談話。汪荻浪兄來談，意在請求出國學美術，談卅分鐘而
去。核發四組發文三件。午餐後熱悶更甚。研究立夫所託
轉呈之名單，除國防會部分抽存外，決定為之全部送呈
之。然余於其推舉者不能完全贊同之處甚多也。乃建來
談。閱六組呈件、批表計三疊。六時天更熱。騮先來談，
久久不去，坐而聽之，異常吃力。八時卅分晚餐，十一時
卅分寢。

6月4日　星期一　晴　九十三度

　　八時起。昨晚睡眠甚佳。九時至國府參加紀念週，
由謝部長冠生報告司法行政。九時五十分畢，入謁委座，
謂今日無暇出席會議。十時舉行國防會第一六〇次常會，
孫哲生院長主席，通過要案四起。吳次長作外交報告，
十一時卅分散會。與屬生談良久而歸。對其工作環境甚同
情之也。午餐後閱四組批表若干件。小睡起，甚熱。賀貴
嚴君來訪。旋自誠來談今晨青年團開會事。道藩甚健談，
至五時許始去。閱四組件一疊、六組件一疊。芷町來談近
日參加行政院部長會議情形。八時到官邸陪浙滬各地代

表晚餐。十時畢，與霞天同歸，談至十一時始去。洗澡就寢。

6月5日　星期二　晴　九十三度

　　八時起。昨晚思慮龐雜，憂悵無端，致睡眠又感不足，而連日胃不消化，食不知味，更使體力精神大受影響也。上午無力作事，念黨內情形如此，國事危急又如彼，實不知何以善其後。十時卅分郭沫若君來訪，與談十五分鐘。彼應委座約見後，不日即將出國也。接健中函，表示辭職，不勝慨然。午餐後天熱甚，小睡僅卅分鐘即醒。紹棣兄來談，約一小時。旋詠霓兄來訪，談行政院事及經濟設施之意見。許孝炎君來訪，談宣傳方面諸事，至七時許始去。滄波來談，幾無力與之酬對矣。晚餐後閱六組、四組件各一疊。實之來談一小時。十時芷町來談物價問題。十一時卅分就寢。

6月6日　星期三　晴　九十四度

　　八時起。昨晚睡眠又極不佳，醒後仍頭腦暈重，精神散漫，天氣驟熱，實感不支，決心赴老鷹岩鄉間休息一、二日。適委員長以電話來約，乃決定上午上山。略整物件後，呼匠理髮，作函二緘，十一時動身，偕允默同回山寓。一時謁委座，與慕尹主任及經國侍委座午餐。餐畢，與慕尹談話一小時回寓。小睡至四時卅分起，往舍外散步一週。慕尹來訪。七時卅分委座約往水榭之畔談話。

八時隨歸山後小舍晚餐。餐畢與允默、旦姨等同往官邸前看電影。十一時卅分歸寢。

6月7日　星期四　晴　九十五度

　　八時五十分起。楚傖先生來訪，余尚未起床也。今日山中亦奇熱，想渝市當更甚矣。周秘書送來關於外交、財政、金融之文卷兩夾，均係三月以後與孔宋來往電報，係委座交其送來，囑余詳閱者。端緒甚繁，閱讀二小時許始完畢。十二時卅分與慕尹進謁同餐。餐畢小坐退，歸寓小睡，至四時十五分起。以文卷親還周秘書。往訪楚傖，談三刻鐘歸。為下星期一常會事致鐵城一函。在濟時室中小坐，與慕尹同至我寓，在院內閒談一小時餘。慕尹對文白、辭修頗有批評。六時鴻鈞來謁委座，八時卅分與慕尹、經國同晚餐。餐畢侍坐卅分歸。十一時卅分寢。

6月8日　星期五　晴　一百度

　　八時三刻起。晨餐食雞子二枚。研究俞部長簽呈之件，並代擬發致孔、宋之電稿。以須參考宋君在美與摩根韜交涉之文件，向周秘書再調閱原件，將五月九日摩氏所提之備忘錄摘要抄存之。午餐後小睡起，將電稿兩件送呈核閱。委員長上午參加陸大將官班甲級二期畢業式，至午後二時方歸也。研究中央黨部組織案及人事配備，用思甚深，而不得結果。今日接叔諒、祖望、實之先後來電話，咸望余早歸。夜飲茅台酒。接子弦送來之中執會組織大綱

修正案，潦草之至。先為摘錄於另紙。十二時寢。

6月9日　星期六　晴　一百另一度

　　八時四十分起。研究秘書處所擬中執會組織大綱草案，簽擬意見，於十時許送呈。十時卅分鐵城先生來山寓謁委座，約余同往入見。委座以核定之大綱面交之。約鐵公至余寓，談卅分鐘，送至大門外而別。歸寓後，閱文件並摘要。一時午餐，餐畢已二時，小憩至四時許起。今日擬不作事，閒談休息。至八時許往謁委座於水榭之次，侍談久之。八時五十分熊天翼君來，同至官邸前草坪晚餐。旋吳達詮君亦來，談軍事、政治各種準備。十一時委座退，余偕兩君同至後舍魚塘上走廊小坐談話。十二時歸寢。

6月10日　晴、夜下雨卅分鐘　星期日　九十六度

　　九時許始起。九時卅分委座約往談話，交下各委員會名單一件，命再酌擬之。此為立夫所呈，而委座據以批示圈選者。余見聞有限，亦無可商榷之人，此事至難處理也。今日本擬歸渝，委座命再留一日，乃止。十一時與望弟通電話，並囑陶副官回寓取件。午餐後已一時，小睡至二時五十分起。研究交擬之件，殊無端緒，略記其概而已。五時芷町自渝來山寓，攜來四組呈件一大疊，有四月中收到者，擇其可代批者而代為批辦之。至七時始核閱完畢，留芷町在山過宿。晚餐時飲茅台酒。夜十時下雨，閒

談至十一時寢。

6月11日　星期一　陰、夜雨　八十四度

六時即醒，七時起，睡眠實未足也。八時與芷町同車下山，先至美專寓，繼即至國府參加紀念週。今日徐部長報告糧政，詞旨簡約而溫和，十時禮成。接開中央常會，討論中央執行委員會組織大綱修正案，費時甚久。以一中全會通過之要點，本極牽強也。又決議要案六起，十二時卅分散會。海濱先生約談，託我攜書件轉呈。十二時卅五分歸午餐，餐畢小睡至三時許起。吳紹澍來談甚久。朱醫來打針。約屬生兄來商榷名單事，彼略述所見，並為余暢論行政方面諸事，七時始去。道藩來談。晚餐後閱六組件三疊。十一時卅分寢。

6月12日　星期二　陰　七十五度

八時十五分起。昨晚又續下小雨，今日氣候較涼，然余之精神甚不舒爽，且極疲勞也。委座今晨出席行政院會議，余在寓整理積件，並閱鄒海濱交來之件。午餐後覺胃不消化，小睡至二時五十分始起。閱四組、六組件各一疊，朱經農君來談，交還委座名章一個，乃兼任中央大學校長時所用也。四時委座約往談，出示關於外交之件，命往訪孫院長，遂驅車往訪，談四十分鐘而歸。道藩來談。旋與委座通電話，約孫院長到官邸晚餐。盛晉庸君來談。夜疲勞甚，且心緒極惡劣，因之與人談話不得體。十一時

卅分寢。

6月13日　星期三　晴　八十四度

九時起。昨晚初困蚊擾，後以思慮所牽，不能入睡。繼續服藥，至九時許始起。知委座今日出巡銅梁矣。閱報後兼閱一月來之各方函札，端緒複雜，未畢而置之。十時卅分佩箴來談一小時許，瑣事應酬，殊耗時間。天時陰晴不定，濕度極重，殊覺難受。午餐後小睡至三時起。吳望伋君來談浙省之黨政，其語有異於霞天所言者，約談一小時餘始去。芄生來訪，未及見也。閱六組件三疊、四組件二疊。又閱條陳二件，將公私函札分別處理之。七時始畢事。夜約皓兒來長談。旋芷町來談。十一時就寢。

6月14日　星期四　陰　八十二度

九時起。近日常晏起，夜涼故也。然精神實亦大不如前矣。作私函數緘，以今日為端午，分發公役等節賞約萬餘元。近來物價日昂，幣值相對低落，故開支日大耳。朱醫來打針。陳漢平秘書來談，四十分鐘去。其通達明敏殊可愛。午餐時略飲酒，餐畢小睡至三時許起。四肢酸痛甚，起坐無力（如是已四、五日，今日更甚），再睡至五時卅分起。道藩來談代見胡作礪君之內容，兼及宣傳方面之事。六弟亦來談久之。夜約芷町、實之到寓過節。余飲茅台酒一小杯半，為之醺然。閱林語堂所著之「枕戈待旦」，十一時寢。

6月15日　星期五　午前陰、午後微晴　八十二度

九時起。連日沉悶疲軟，皆由天氣潮濕太重之故。今日委座本擬往成都，至十時後又中止此行，想見其忙碌殊甚也。吳文芝武官之兄克鎔（政校二期畢業，四川宣漢人）來訪，談十五分鐘去。修改在銅梁、璧山對青年軍訓詞紀錄稿。董顯光兄來訪，表示辭意，余勸以不可，然彼已簽呈委座，只得為之轉呈耳。午餐後仍感疲乏無力，小睡至三時許起。念孱軀已不堪任使，而時事之要求日繁而日急，憂悵之情更甚於二月下旬也。道藩來談三刻鐘。閱四組呈件兩疊、批表一疊、六組件二疊。致雪艇部長函，商宣傳尺度，以批件附送之。聖芬、芷町來談。夜閱林語堂著作，沐浴，十一時卅分寢。

6月16日　星期六　陰雨、夜大雨　七十八度

九時許始起。近日精力大疲，腦力亦不堪使用，天氣仍陰鬱不舒，余週身筋肉微痛，且有發熱之現象。積件待理者甚多，實無氣力，只得暫且置之。朱醫來診視，測知無熱，為余打葡萄糖十C.C.亦無效也。向午乃建組長來談國際形勢，與反攻中之問題，留一待酌之件，請余審閱。適值下雨，乃留其午餐。餐畢小睡，不暢。黃溯初君之子達權來見，未晤。健中寄來辭呈，附函而退還之。吳紹澍君來談上海市之情形甚久。顧一樵君來談中央大學事。皋兒、細兒休沐歸來，夜與六弟及諸兒談話。閱六組、四組件各一疊。十一時就寢。

6 月 17 日　星期日　上午雨、下午陰　七十八度

　　九時起。今晨微熱略退，然仍覺疲軟異常。弱體如此，而事務之待理者甚多，真不知今年暑期將如何度過也。盥洗畢後，作函數緘，分致洪君勉（慰其不獲與選中委）、胡秋原（託助寫七七文告）、程滄波（託蒐集七七文告之材料）、王芃生（答其商榷工作方向之函）、楊玉清（請繼續主持三民主義半月刊，勿言負責至六月而止）諸人。又核定唐組長送來（昨日上午面交者）之件，接山洞電話，知委座約我去老鷹岩。一時午餐畢動身，一時四十分到達。委座適與美大使談話未畢，乃先回寓，將日前與厲生所商中央黨部之件整理繕正，即晚面呈委座核閱。至四時卅分完畢，覺疲甚，乃登床小睡，仍未成眠，略一合眼，即患怔忡而醒，想見余近來之虛弱矣。與允默談家事，對於諸兒之幼稚簡單，不達世故，甚以為憂。自念此皆余教育無方之咎也。六時希聖及六弟自渝來山洞，六時卅分余往謁委座，隨同出遊郊外一週而回。八時一刻與希聖、六弟同謁委座，慕尹亦來，九時陪委座晚餐。六弟報告報館事，希聖報告世局之研究。晚餐後委座對侍從室工作方式之改進有極詳盡而迫切之訓示，余聞之只覺遷延曠職，皆由我本身缺點，萬萬不足以副所望也。悵悵何極。十一時寢。

6 月 18 日　星期一　晴　八十七度

　　八時卅分起。略進早餐後即動身來渝，出席國防最

高委員會一六一次常會。于院長主席，討論公司法原則甚
久，十二時散會。擬發慰候尼赫魯出獄之電，交外交部譯
發。與厲生、道藩談國民大會事，一時歸午餐。餐畢小
睡，熱甚而多思慮，幾等於不休息也。閱四組件一件、六
組件一疊。公弢來談。旋自誠來談甚久。四時謁委座，略
談歸。道藩來報告下午集會討論國民大會事之結果。核閱
講稿一篇。六時卅分往訪哲生院長談外交，約四十分鐘
歸。八時卅分官邸幕僚長會餐，委座對今後辦事方法，及
各機關長官與屬員工作要領等有所指示，十時卅分散。立
夫、道藩、芷町同至余處談話。一時寢。

6月19日　星期二　八十七度

八時卅分起。接委座電話，詢致尼赫魯電，即轉詢
外交部，知今日午後可逕發尼之所在地，即報告之。以昨
晚談話太多，連日神經緊張，今晨甚感疲勞。閱私人函札
數緘，六組件一疊，又批表一疊。十一時往謁委座，適賈
煜如入見，稍候而謁，談二十分鐘而歸。虞順懋昆季及江
一平來談洽老身後事。一時午餐畢，天熱甚，頭痛眼枯，
不能成寐，三時許強起。到十七號開法教聯席會議及教法
聯席會議，五時卅分歸。魏紹徵君來談約五十分鐘。委座
下午去綦江，命余明晨往迎宋先生，知黎明可到。乃於七
時晚餐後，到老鷹岩。十時就寢。

6 月 20 日　星期三　雨、下午陰晴　七十六度

五時卅分醒，六時十分起。接倪秘書光華之電話，略進餐畢，即馳往白市驛機場，迎迓宋先生。晤樵峯、國楨、浩徐、道鄰諸君及許師璇、倪光華。八時十分機自上空而降，即趨宋先生前，代委座致意。宋約余同車，至化龍橋。途中詢國內近來情形甚詳，余略告之。至紅岩村後，即換車而歸。閱文件數種，與慕尹通電話。旋約芷町來談，約一小時。午餐後小睡，至三時許起。閱六組、四組件。孝炎來談新聞記者法事。四時到中央黨部開會，到鐵、展、厲、藩、杰諸人，審議宣傳部改隸辦法，至六時卅分畢。歸寓後又感疲勞。七時卅分佩秋來談。八時卅分驪先來談。十一時卅分寢。

6 月 21 日　星期四　雨、下午陰　八十六度

八時卅分起。今日憲政實施協進會常會，邵先生約余列席，以倦甚未往。十時卅分陳啟天君來訪，談國民大會事，力主延期召開，殊不明其意向之所在。又請求出國考察，談一小時餘。此君近來政客氣極深，與之酬對，殊吃力也。午餐後小睡未熟，略一合眼，覺心中奇痛而醒。下午精神至委頓。王芃生君來談卅分鐘去。約希聖來談。奉委座諭，囑中央日報撰關於印度西姆拉會議之文字，並與希聖討論時局。晚餐後與芷町商談，處理文件。葛武棨君來訪，談五十分鐘而去。疲倦實甚，簽呈請假兩天。十一時卅分寢。

6月22日　星期五　陰晴　八十五度

昨晚又失眠，睡至三時餘即醒，心緒繁亂異常，再服藥後重睡，今晨九時卅分始起。朱仰高醫師來，為余打葡萄糖針，然仍不能提振精神也。蔣夢麟君來，談在美國之見聞，知其已允就行政院秘書長。據彼所言，美國政界對我國之認識日益深切矣。午餐後小睡，又患怔忡之症，神經脆弱已極。委座欲余到黃山休息，今日實不能前往也。此心愁苦，繁雜達於極點。道藩兄來談一小時許，聽之大感疲勞。傍晚與六弟、八弟談話久之。夜芷町來談。十一時卅分寢。

6月23日　星期六　雨　七十八度

九時廿分起。昨晚雖服多量之藥，而睡眠仍不佳。今日上午又覺有微熱，天氣陰鬱潮濕、骨痛、頭暈、目昏諸患並作。閱六組件一疊、四組件兩疊（有兩件擱置未理）。向午蔣夢麟君來談行政院秘書長事，請示委座，定下星期一提出。委座命余到黃山，作一、二日之休憩。午餐後雨甚大，小睡不知何故竟不能合眼，一合眼入睡，即有奇異複雜之夢境，此心痛苦不寧。二時卅分起。作私函數緘，與厲生通話。四時過江，雨已稍止。途中閱文告。到山以後即覺清涼。往訪宏濤，旋聖芬來談。八時卅分達詮、天翼來，同至官邸晚餐，談外交，至十時十五分退。至休息室後，又略談，十一時十分就寢。

6 月 24 日　星期日　晴　八十四度

八時卅分起。昨晚睡眠較佳，想係易地（環境較靜）之故，大約睡足七小時以上，精神似亦較充沛也。與達詮同進早餐，立廊外閒談久之。十時卅分委座來視，與達詮再侍談約二十五分鐘。十一時以後達詮先回，余決再留山中一日。午餐時與孫仿魯、孫蔚如、劉經扶、郭恢吾諸將領在官邸進餐。餐畢報告數事，二時回桂廳。作函兩緘，送達手諭，以吳奇偉任湘主席，蔣夢麟政院秘長。小睡至四時許起，靜息而已，實未睡也。下午念委座督促處務改進事，考慮未得結果。今日勉學寬閒，亦不躁急。傍晚散步四十分鐘而歸。七時十五分晚餐，餐畢不作事。十時後就寢。

6 月 25 日　星期一　陰　八十五度　理髮

八時起（昨晚入睡當在十二時以後），臨起猶貪睡，想服藥太多之故也。八時四十分由黃山動身，九時卅分回渝，即至國府，已不及參加典禮。九時五十分請示委座後出席第二次中央常會，討論中宣部改隸案及軍隊黨部撤消案等多件。十二時卅分散會，與文白略談，到官邸一轉，未晤委座而歸。一時午餐，餐畢小睡，至三時後始起。今日心思尚閒定，蓋兩日來休息之效也。四時往謁委座，奉諭文白不必同行出國（以前有此議），即通知之。歸寓後呼匠理髮，閱四組批表一疊、呈件兩疊、六組件一疊未畢。其間道藩來談約半小時。晚餐後芷町來談，直至十一

時始去。實之來談。十一時卅分寢。

6月26日　星期二　晴　八十六度

八時十分起。昨晚睡眠亦尚佳，今晨起床時藥力似猶未全除也。閱四組呈件二疊、六組一疊。十時到國防會秘書廳一轉，與盧滇生、吳鍊才兩同志商談公事。深慨國防會內部之空虛，與處事之不審輕重。吳文藻參事等四人來見，未及與之詳談。十二時卅分歸。卜道明司長來訪，攜來宋先生所擬致史大林函，即呈委座核定親繕。一時卅分午餐後小睡，至三時起。熊醫官來為我注射防疫針。四時卅分劉澤榮（紹周）特派員來訪，旋重慶市府張延哲、董師誠兩局長來談市長請假事。七時乃建來談。八時卅分到官邸會餐，五院長及稚公等均到，商談外交，十時卅分散。十二時寢。

6月27日　星期三　晴　八十六度

八時卅分起。昨晚睡仍不甚佳，舊藥幾已失效矣。近日事務蝟集，待考慮待接洽之事太多。午前處理昨日未辦之文件若干件後，到行政院訪蔣秘書長及徐政務處長，商談參政會之件，約一小時歸。甘自明君來談，發表朱某為助理秘書。擬發慰勉舊金山會議我代表團之電，並與雪艇通電話。午餐後小睡未熟。冠青擬來七七文告要點，竟不可用，退還囑其重擬。約道藩兄來談中央黨部之事。擬致杜魯門總統電，祝聯合國會議成功。六時吳次長來訪，

攜來文件，即以此電稿交其譯發。健中來談約二小時，使
余不怡。旋接見李俠廬同志，勗其回閩工作。八時始得晚
餐。接家書。處理四組、六組各件。芷町兄於十時卅分來
談。十二時寢。

6 月 28 日　星期四　晴　八十七度

　　昨晚雖服新藥，因與望弟談話過久，並考慮侍從室
改進方案，以致一時入睡以後，至四時半即醒，心繁不能
入睡，再服藥半片，始矇矓睡去。今晨八時二十分起，藥
力猶未全除也。九時接委座電話，即往謁，當面報告六
事，並請示七七文告之要點。奉交下講稿二件，歸寓為之
整理，費一小時以上始畢。此種零星工作，無人代勞，乃
余不善訓練之過也。近日事務叢脞，亮公未歸，政院秘長
初接事，而參政會開會在即，余接洽各方，義無可諉，然
繁雜已甚，較之六全代會時猶過之也。委座將去漢中等
處，聞須五日後方歸。上午擬往訪友未果。公展來談，
匆匆留一書面而去。午餐時朱醫來，為余打 Bitalin 及
Parendren 針。午餐後既疲勞，又興奮，小憩未入睡。一
時秀峯來談。三時往訪孟真，始知褚、黃、冷、左、章、
王、傅諸人將赴延安一行。孟真與余所談，多可顧慮。四
時委座招待外記者於國府，五時畢即動身赴九龍坡機場，
同車隨往，報告各事。五時起飛，送行後而歸。閱六組件
三疊、四組件兩疊，尚有不及處理者。道藩來談一小時。
往訪雪艇，談至七時始歸。接漢中長途電話。又與道藩談

黨團及運用褚、王事。夜繼續處理文件，閱新聞稿。十二
時寢。

6月29日　星期五　晴　九十度

　　八時起，昨晚仍遲睡而屢醒，近日心力真不濟矣。
閱昨日委座招待外記者消息之英文電稿，十時以電話報告
之。午刻約財部俞部長來談國家總預算事，以編訂原則一
份面交之。冠青攜七七書告改正要點來談，仍囑試撰初
稿，然恐其文未必能用，以其理解不深也。午餐後小睡未
熟，心煩異常。邇來午睡不佳，已三旬於茲矣。道藩來談
卅分鐘。致鐵城一函，並核定國防會下週議程。閱第六組
呈件及第四組發文等各一疊，處理急要之私人函札，致傅
局長函。擬訪王雲五，知在鄉未果。乃建來談約一小時。
夜閱四組件，準備材料。十二時寢。

6月30日　星期六　晴　九十二度

　　晨起已九時，蓋昨晚入睡已在一時以後，而又中宵
屢醒也。今日整日之時間均為蒐集並複閱關於七七文告之
準備材料，其間道藩兄來談兩次，希聖來談四十分鐘（均
下午之事）。午睡約一小時而未熟，神經亢奮而疲滯。又
常為瑣事所擾，如核閱四組速件兩批，共五件，辦理關於
參政會修改提案連署人數，交提國防會者一件，又核閱六
組呈件一疊，此雖非急要，然費時尚少，故順閱之不使積
壓也。思慮拙鈍，天時又驟熱，至晚仍不能開始屬稿，對

紙茫然，一嘆。十二時寢。

7月1日　星期日　晴　九十四度

七時起。早餐畢，即著手撰寫七七告全國軍民廣播詞稿，先將準備材料略閱，決定內容層次，自九時起至下午七時一刻完成。今日專心作此一事，其他概不聞問。然腦力實疲滯異常，天氣又異常炎熱，揮汗撰文，又常恐延遲時間，致其中草率重複未加修剪之處均所不免。初稿全文約四千言，凡歷十小時而寫成。隨撰隨交繕，故不暇複閱也（其間希聖供給資料若干段）。晚餐畢已八時卅分。芷町來談近日之見聞及交辦件審擬之經過。十一時卅分寢。

7月2日　星期一　晴　九十六度

七時卅分起。閱各報並處理昨日未辦之件數件。九時到國府參加紀念週，谷正綱部長報告去年工作概況。與魏委員子杞談話。十時接開國防會一六二次常會，戴院長主席，討論施政方針案，歷時一小時。言論紛雜，決定再交設計局約有關機關審議修正。又討論參政會議事規則修改之件，減少連署人名額。十二時十分散會，與徐可亭君談二十分鐘而歸。天氣更熱，午餐後小睡未成眠。六弟、八弟來談，核定本處上月份報銷冊。疲苦實達極點。六時市府楊秘書長來談。接宏濤電，知已抵西安，想明日可歸矣。閱參考消息，徒感心煩。夜芷町來談。與詠霓、騮先通電話。閱六組、四組之件。公展來談。十二時就寢。

7月3日　星期二　晴、傍晚陰　九十四度

　　八時後始起。近日百憂交集，諸務紛沓，此後三星期中真不知將如何竭蹶貽誤。一切根源實在體力太弱，而腦力尤不勝繁劇也。閱胡秋原兄寄來七七一文，氣勢浩瀚可喜。惜余文已成，不及多所修改。校閱廣播詞稿，昨日竟無暇為之也。與鑄秋、道鄰通電話為某事（有主反訴盛晉庸者）不能打消，殊覺無可設法。十時芷町來談。十二時鄭彥棻君來談。午餐後小憩約入睡一小時許。考慮三民主義半月刊事，擬仍堅請楊玉清擔任。四時閱四組件三疊、六組件二疊。與希聖談一小時，檢參考件備呈。道藩來談，直至八時卅分去。夜與諸弟談話。致成都行轅函。十二時寢。

7月4日　星期三　晴　九十三度

　　八時卅分起。近來晨醒較早，而往往晏起，精神實不敷用，余將不能久為黨國服務矣。閱四組件數件。考慮本室問題，終不得一解決之道。此事最使余徬徨而不安。雪艇送來參政會開會詞稿，竟有不能用之處，略改字句，午後擬先送呈。一時卅分到官邸，二時委座自陝歸來。自二十八日到漢中，歷天水經西安、鰯水，仍回西安而回。風塵僕僕，仍一無倦容，其強毅健康，洵可佩服。報告諸務。二時卅分雪艇亦來，三時同歸。余小睡半小時。道藩又來談甚久。中信局鍾秉鋒來談，約五十分鐘而去。旋力子來談，約一小時。傍晚宏濤來談。外出訪慕尹未遇，歸

而晚餐。餐畢，委座約談，交下文稿，命重改。此真絕大
難題。天氣既熱，雜物又繁，真不知何以繳卷也。天翼送
施政方針來，可商之處甚多。與慕尹、力子兩次通電話。
十一時卅分寢。

7月5日　星期四　上午雨、下午晴　八十六度

六時前即醒，七時卅分起。藥力猶在，矇矓不易清
醒。八時接委座電話，對文告內又加入新意。九時後始強
抑繁慮，著手重寫補正。然今日心力至疲，腦暈心跳，進
行非常緩慢。一時午餐後，小睡竟不成眠，勉強數息靜憩
約十五分（服IPR兩丸）即起。繼續撰寫新加之二段，文
字繚繞錯雜，簡直不成文理。繕畢於五時餘審核複閱一
過，洵自嘆筆墨之每況愈下也。午後鐵城來談。道藩又來
談中央黨部事。聖芬、實之、自誠先後來談。擬派實之、
君章出席參政會旁聽。今日接電話四次。閱六組件二疊。
夜十時卅分寢。

7月6日　星期五　上午陰、下午晴　八十九度

八時卅分起。九時委座約往談話，交下七七紀念文
稿，幸修改之處尚不多。又奉交示宋院長來電，知蘇京折
衝甚為艱苦，蘇方態度對若干問題堅持甚烈。旋雪艇來
見，余先告退，回寓整理文稿。又校正參政會開會詞稿，
重檢一份呈閱。道藩來談中央黨部對參政會事會商之情
形。十二時卅分又赴官邸一行。一時午餐，餐畢未午睡。

閱六組件。近日心緒之疲繁，可謂達於極點矣。整理文件夾子。吳奇偉約談未晤。俞鴻鈞君來談預算事。四時卅分複校開會詞稿，即交繕。五時卅分到官邸，參加關於對蘇協商方針之會談。七時半回寓，又去官邸一次。八時卅分歸，晚餐。夜與希聖、芷町先後談話。十二時寢。

7月7日　星期六　陰晴　八十九度

八時卅分起。自誠來談，與之同赴參政會，參加開會式。九時典禮開始，由張伯苓先生主席，到參政員二百餘人。委座致詞，歷二十分鐘。繼由周炳琳致答詞，語言激越失態，不顧大局，聽之甚為憤慨。十時卅分禮畢，到國防會秘書廳，與滇生、自明略談。繼謁委座，將演詞稿交下，即與自誠同車回美專街。自誠以演詞稿親送中央社。午餐時與希聖談話。餐畢小睡起，朱醫來為余注射肝精。午後將施政方針草案核呈，又改正譯件（祝賀紀念日之來去電）四件。閱六組件一疊。皋兒自院歸來，與之略談近況。晚餐不思食，既苦熱悶，又感疲繁，往四號與叔諒談一小時。與道藩通電話。芷町來談。十一時卅分寢。

7月8日　星期日　晴　九十五度

八時始起。今日為參政會第二日，上午囑實之、下午囑君章前往旁聽。余未赴黃山，亦未回山寓，鎮日在美專校街斗室中作半休息。聞參政會中對發表消息亦起風波，周某身為黨員，而跋扈失態如此。由此使余聯想到黨

與國家內外環境之艱危，悲憤焦憂，不能自抑。而余近來精力體力日益衰頹，神經不堪刺激，此一夏間不知將如何度過也。閱六組件一疊、四組件二疊。四組之件有甚難處理者。午後鄒尚友公使來談土耳其事。立國於兩大之間，其奮鬥為至苦，然所憑藉者，亦惟自立精神之不摧而已。夜芷町來談。十一時卅分寢。

7月9日　星期一　晴　九十八度

七時五十分起。昨晚睡又不酣適也。九時出席國府紀念週，由葉先生報告北伐誓師紀念之意義。禮畢，與吳奇偉主席談話後，晉謁委座，報告參政會各事。並奉圈定湘省府名單交下（正午送行政院發表）。十時卅分參加中央常會第三次會，十一時卅分先退，至四組一轉，即歸。午餐時天氣更悶熱，餐畢疲勞，而心緒繁亂，屢起屢睡，徬徨不寧。朱醫來打肝精針。閔君章送來旁聽報告，欲作事而毫無氣力，揮汗如雨。七時晚餐，芷町、實之來談。余苦熱已甚，決定回山洞一行。九時許到達，與家人納涼，食西瓜。十一時寢。

7月10日　星期二　晴　九十九度

八時卅分起。簽擬要件後，往宏濤處一轉，知其不在室內，即往謁委座。今日為墨西哥大使遞國書，委座適欲動身去國府，命余稍待至午刻再說。入晤季陶（昨晚來山洞），談卅分鐘。十時卅分與之同往新開寺訪庸之先

生，談其治病經過。嗣有外賓來，余等乃先返，邀季陶到
我家小坐。十二時到官邸謁委座，請核定中央設計局修訂
之施政方針。二時午餐，稚公、季陶均在坐。午餐後回寓
小睡，流汗不止。今日山中亦極熱，午後只能完全休息。
委座今晚宴外賓，余未往陪。聞達詮亦來官邸。夜納涼，
十一時就寢。

7 月 11 日　星期三　陰、下午微雨　八十八度

九時許始起。昨夜睡眠甚酣暢。盥洗畢應委座之
招，到水亭前小坐。口授要旨，並出示來電稿，命擬覆宋
院長電稿。即至官邸書室內撰擬之。十時卅分雪艇、達詮
來，委座以來去電交彼等閱看，研究雪艇提供修正文字之
意見，再為修改，並親自謄正之。十一時三刻雪艇去，余
即攜電稿親交周秘書送發。十二時在寓午餐畢，接祖望電
話及來件。往訪達詮，談至一時歸。小睡未成，多夢而心
繁。四時卅分下雨約半小時。七時晚餐畢，接芷町電話。
八時卅分往官邸謁委座報告。九時卅分歸。閱實之來件。
十一時寢。

7 月 12 日　星期四　陰晴　八十八度

八時卅分起。天氣尚涼爽。閱參政會提案摘要後，
再謁委座談有頃，詢委座腰背之痛稍癒否，彼謂已較痊
癒，今日擬用 X 照療云。十時歸美專街寓，十一時到國
防委員會，約滇生、振夫來談，詢以施政方針之件。旋請

力子先生兩次來談商某案，道藩亦來談。一時與道藩、實
之同車歸午餐，餐畢，道藩又談一小時許。今日午睡僅合
眼二、三十分鐘而已。三時起，閱提案及報告。青年黨周
謙沖、常燕生來談約一小時，與之周旋，須作政治話，甚
覺費力，此實違我所長也。芷町來，詳談參政會事。擬往
訪孟真，至夜十時始知其住在大維家，往訪傾談，一時始
就寢。

7月13日　星期五　雨、下午陰　八十三度

八時五十分始起（昨晚大雷雨，自午夜至徹曉不止，
崩崖墜石，終夜有聲。今晨七時即早醒，然曚曨不能遽起
也）。腹中作水瀉三次。十時卅分自渝赴山洞謁委座，報
告參政會情形。委座憮然無言，憂憤慨嘆之情可見矣。中
午陪同進餐，達詮亦在座。得閱子文尤（十一）電，知折
衝有眉目，然甚費力。午餐後歸寓小睡，心繁亂多夢，等
於未睡。以渝有事待理，四時仍返渝。閱國民大會件，又
閱四組件兩疊。實之來談甚久。夜與諸子姪及女兒談話，
食西瓜。十時卅分寢。

7月14日　星期六　雨　八十二度

七時前即起。此半個月來心神不寧，屢萌二月十五
以來絕對引退自謝之念，然委座近有小病，事又紛繁，余
本擬參政會畢實行我志，今又不能不強忍矣。八時到國民
參政會，聽各參政員討論國民大會問題，發言者踴躍熱

烈。先由各主要提案人說明旨趣（炎培、冷、江竟因此事聲明不到場），繼付討論，至正午十二時，發言者尚有二十人之多。到官邸謁委座，奉交下關於融君案之件，囑為審核。一時卅分陪宴參政會主席團，客主共到十六人。委座表示國家以紀綱為重，對國民大會如期集會一節，不能以少數阻礙而遷就。二時卅分歸，覺熱甚，略閱交下之案，囑芷町審閱。四時再赴參政會，聽關於國大之冗長報告。五時後休息，五時卅分熊天翼秘書長報告三十五年度國家施政方針，口頭說明甚得要，但參政員頗有指摘，發言者甚多。七時十分委座見召，命擬極難寫之文字，歸與芷町會談，直至十一時寢。

最近一個月間工作與身體精神狀態之回溯

　　△余自六月十五日以來，感於委座督責侍從室工作之殷切，深感自身體力衰頹，腦力疲鈍，尤其個性孤僻遲鈍，無魄力、無決斷、知而不行、行而不速，以至工作方式與領導部屬、連繫有關單位，均未能按其職責而做到相當圓滿之程度。如此雖個人鞠躬盡瘁，眠食俱減，亦何能自贖其失職之罪愆。左右思維，屢萌斷然引退之念，如二月中旬之狀況者不止一日矣。然在此期間，鑒於責任觀念，又自念立身行己，應有始終。則又不得不強自振厲，以與弱軀相奮鬥。適值此一時期，亮公出國，屬生擺脫現職，黨內一切人事均未確定，而外交要計，正待宋院長之折衝，參政會又適在此暑期召集。故余此一個月來，雖在

本室之組織與人事上未能作如何充實改進之計，而自身對本兼各職，確亦思勉自振奮，盡其最大可能之努力。但辛勤緊張之結果，於身體精神上獲得極不良之反應。邇來進食無味（已兩月於茲），安眠藥服量日增，而只能每夜睡六小時。尤苦者為午睡不得寧貼，往往雜思繁慮，排遣不開。姑不論健康如何，而精神上之衰疲勞累，洵所謂「此樹婆娑生意盡矣」！

7月15日　星期日　陰晴、夜大雨　八十八度

八時卅分始起，其實七時即醒也。盥洗畢後思及委座昨晚命擬之參政會閉會詞，深覺甚難著筆，暫且置之。閱六組件數件，處理四組件一疊。十時委座召往官邸，詢知其腰背之痛仍未癒，商擬對國民大會事之參會主張，略記要點歸。即赴油市街訪雪艇，詎知其對職權一項與余主張有出入，約下午再談。一時卅分始得午餐，與芷町略談。小睡而未成眠，起時異常疲繁。周耆伯君來訪。四時五十分偕雪艇同謁委座，談五十分鐘而歸。今晚委座宴全體參政員，臨時以頭暈未往參加。芷町、希聖來談。希聖對國際情勢極關心。十時自誠、聖芬來，述今晚演詞，即為摘擬要點發表。十一時卅分寢。

7月16日　星期一　大雨、下午陰　八十二度

八時十五分始起。清晨仍早醒，精神甚不濟也。九時參加國府紀念週，程代總長報告軍事。九時五十分接開

國防會第一六三次常會，孫院長主席，討論提案八件，十時即完畢。天翼、自明先後約余談話。十時卅分歸，閱本日各報。十一時奉召往官邸，仍命擬閉會致詞，余力陳昨晚宴會中已說明政府旨趣，似不易重擬。委座仍命準備待酌。近日心繁而事多，如此難題，真憚於動筆也。午餐時與芷町略談。飯後小憩，至三時，其實睡不足十五分鐘。四時與芷町研究簽覆十四日之件。五時委座約青年黨及湘、鄂、川、康參政員二十四人茶會。六時歸，六時卅分與芷町同謁委座，面繳交件。七時歸。夜十一時寢。

7月17日　星期二　雨　七十六度

　　晨醒，頭暈不止，九時始起。委座命余往接宋先生於機場，亦未能往也。近日心緒繁亂，精神不佳，而今日則竟日有微熱，實不能支持工作也。夫余之工作實視他人為清簡，僅時間上無空閒而已。然乃疲頹如此，何以善其後乎。致丁鼎丞先生一函，致自明、滇生各一函。與道藩通電話，知其近日亦有小病，處理雜務數件。下午熱度似又稍高，委座約參政員茶會，竟未能往陪。乃建來談約一小時，商擬設置警察總監部之事。晚飯勉強食粥兩碗，毫不知味。九時卅分即服藥而寢。

7月18日　星期三　陰、傍晚晴　七十八度

　　八時卅分始起。近日之疲勞痛苦，實非以前想像所及，而心中復多奇雜之思慮，不能自抑，此誠所謂身心交

困也。今日熱雖稍退，而兩目枯燥，手足亦微顫無力，腦中更不能用思慮。故閉會詞萬不能成，只得以電話直告委員長矣。十時聞丁先生來中央黨部，特往見之。彼係專謁委座而來，然委座殊無暇，余代達此意，丁先生似不悅也。約謝部長冠生來談，卅分鐘去。芷町來談某案。抄呈提案三件，又抄呈鍾鍔來函之件。午餐後仍不得小睡。道藩來談。五時往官邸陪參政員茶會。六時卅分謁委座後而歸。盛晉庸來訪。與立夫通電話。今日八弟、九妹自蓉歸。夜十時卅分寢。

7月19日　星期四　晴　八十六度

三時卅分即醒，起而作事一小時餘，再服少量之藥重睡，至九時起。處理昨晚積疊之各件三疊，閱六組件一疊。蔣夢麟秘書長來談，約一小時去。實之兩次自會場來電話，報告會場情形。中午道藩來談昨晚開會情形極繁複，即對於選舉駐會委員一事，吾黨內亦缺乏互信至此，可為一嘆。午餐後因整理道藩攜來之件，又不得午睡，略合眼即醒。四時往謁委座，四時半陪各參政員茶會，六時歸寓。接讀允默來函，為之感涕。再與道藩談話。奉委座命覓地圖，遣君章往訪胡煥庸君。夜芷町來談。十一時寢。

7月20日　星期五　晴　九十度

八時卅分起。今日心緒仍極紛繁，念黨國前途，八

年抗戰已奠堅實基礎,而內不振作,外遭破壞,以致紀綱
威信日隳。長此演變,勢必將影響作戰大計。而余本身過
去實為尸位而未盡職之人,今後諸事益趨紛繁,如此體
力,決難繼續擔任下去,惟有決心引退乃可免貽誤耳。午
前為地圖事約叔諒、君章來一談。處理六組件兩疊。楊玉
清君來談一小時,為半月刊之事,又殊費斟酌。今日上午
參政會選出駐會委員。午刻實之來報告開會情形。午餐後
小睡至三時起。研究侍室工作之件。道藩以四時來談,囑
其代至官邸陪客(茶會參政員)。五時後至生產局與詠霓
同攜地圖謁委座,報告蒙疆邊界問題。旋又與君章同謁委
座歸。處理四組件二疊。晚餐後極疲勞,而厲生、可亭來
訪。旋鴻鈞來,堅約余至范莊,談至夜深始歸寢。

7月21日　星期六　晴　九十四度

　　九時始起。頭暈不止,由昨夜入睡已在二時以後
也。勉強處理四組要件兩疊。天氣轉熱(最熱時九十六
度),昏悶異常。此心為繁思雜慮所苦,自疚自責之念
(閱手令辦各事多未遵諭達成),不絕於懷。十一時芷町
來談,添用周鑫為四組司書,並將熊湘、何亦清、周世勛
三人各升一級。芷町午飯後再留談約一小時,對余多慰勵
之語。午睡仍不得寧貼,徬徨痛苦,不可名狀。道藩來談
約一小時,對黨國前途均深杞憂。反動派之政客與所謂
「名流」,必欲自隳抗戰基礎,固不可解,而吾黨亦猶不
憬悟團結,更可痛也。夜與六弟談甚久,彼謂余百事太過

慮，洵然。十一時就寢。

7月22日　星期日　晴　九十六度

睡至九時許始起。昨晚之睡眠可云充足，亦疲勞過度之故也。自誠來談卅分鐘。十時接委座電話，欲余上黃山，並詢及事略，乃攜二十二年份之三、四兩冊，十一時整理各件後，即動身。十一時三刻到達。今日山上亦甚熱悶。一時卅分侍委座同餐，賫呈事略兩本，深愧未暇詳校也。餐畢略談某事，觸動委座之感慨，思之甚屬疚心。以彼近日身心均小有不適，不應以不快之事報告之也。二時卅分退歸私室，思小睡而某種之繁思及工作上之繫念仍不斷擾擾於胸中，雖服少量之藥，亦僅合眼十五分鐘。如此狀態，余將不免於病矣。午後在床上休息，直至四時餘始起。八時卅分到官邸謁委座，旋何總長來同餐。餐畢，余先歸室。十一時寢。

最近所亟應處理而又不易處理之各問題

一、侍從室改進辦事方式及改正組織問題。

二、事略編纂方面如何改正方能使委座略感滿意之問題。

三、國民大會開會之籌備與選舉等先決事項之決定，以及參政會關於國大問題決議案後半段所提之問題。

四、中央黨部新設各委員會組織與人選（日前已奉初步核示）。

五、六全代表大會應透過國防會而交政府辦理事項之審
　　查與督促。

六、此次參政會中所提之二、三急要案送到後如何處理
　　方不損政府整個之威信問題。

七、四屆參政會通過各案送國防會時應如何審查之
　　問題。

八、關於宣傳部改隸前後之各項待決問題。——新檢
　　局、胡健中兄屢表去意等等。

九、參政會所提復員協進會等問題。

　　事項紛繁如此，余弱軀之不振又如此，思之思之，
何得不誤事。

7月23日　星期一　晴　九十度

　　七時卅分起。八時渡江，以汽車不能即渡，先用汽
輪至彼岸，隨委座及何總長同至國府，參加紀念週。聽交
通部沈次長君怡之業務報告，條理清晰，對於交通方面各
項困難情形分析甚詳。可亭與余談卅分鐘。十時一刻接開
第四次中央常會，楚傖先生主席，決議各委員會之組織條
例，表決時頗欠周詳。此時余忽覺頭痛發熱，乃請先退
席歸寓。今日委座約宴參政會主席團及各參政員，余亦
未能往陪也。自憾體弱如此，消極引退之念又擾擾於胸
中。下午測熱為三十七度五。坐臥不寧，傍晚仍強起。
閱六組件兩疊。晚餐後世璽來視余疾，細兒亦來談久
之。十一時就寢。

7月24日　星期二　晴　九十七度

　　八時一刻起，擬至國防會詢問近日工作情形，乃九時即接委座自黃山來電話，堅命余上山休息數日，不可帶病辦事，並囑約達詮文官長一同於午刻上山。乃草草整理各事，以國防會事託甘自明兄，並處理四組件三件。十一時達詮先生來余寓，即同渡江至黃山。一時謁委座同餐，餐畢委座手諭中央銀行總裁辭職照准，特任俞鴻鈞兼領。以央行直屬國府，即交文官長定明日發表。又面詢余病狀，囑令休息。回桂堂小睡，至四時餘起。與達詮談中樞政況及外交等事。傍晚隨委座散步一週。八時天翼來山，八時卅分同至官邸晚餐。餐畢委座亦來桂堂前觀月，敘談甚久。十一時寢。

7月25日　星期三　晴、夜大雷雨　九十八度

　　八時起。今日天氣更熱，余昨夜睡仍不甚佳，故精神仍極不振。此次並非因疲勞過度，實由積思積憂太久，更與日益衰頹之體力相乘，而得此累月不癒之奇症。總由修養不足，不能做到豁達切實之程度。思之可愧，言之可慨。然余此種自身煎熬之痛苦情緒，即手足骨肉亦不欲盡使知之，然則更為誰人道之乎。國防會之責任日重，而內部人事漸就老衰，且亦零落不整，余雖居代理之名，毫未盡督促之責，又不能如亮疇先生之看得開。今廳內日常事務，一以委之於自明副秘書長。然余乃每週不克到廳一

次，此亦甚堪疚心者也。向午唐組長乃建來謁委座，到余
處談一小時餘，一時許同至官邸午餐。餐畢回室休息，就
床而竟未入睡，神經亢奮，手足及頭部似又覺有微熱。閱
參政會決議案，不及一冊，即感疲倦。傍晚雪艇來，與委
座同至山下散步一週。委座腰背間之患似已痊癒多多，此
甚可喜慰者。八時卅分晚餐，餐畢後委座來桂堂庭下，與
達詮、雪艇及余等談話，至十時許始回。余與雪艇談參政
會及國民大會等事。十一時卅分寢。

7 月 26 日　星期四　晴　九十七度

八時卅分起。昨晚睡眠似稍佳，達詮謂余今日氣色
較充盈矣。然心中繫念各事，而作事仍無氣力。自省職
責，實有進退兩難之感。胸次鬱滯，不吐不快，特謁委座
談半小時，自陳精力實屬不濟，第二處職務自知難以勝
任，竟不得不考慮進退問題，否則改組案亦只請聲請暫
緩。委座謂九月間再定亦可。又唐組長奉命入陸大受訓
事，簽請緩調，亦蒙允准。赫爾利來見委座，雪艇約十時
始下山。向午回室，略理積件，下午熱甚，小睡未成眠，
輾轉徬徨，仍一如前數日之境狀。與望弟等通電話，為聯
合國憲章等交立法院之事。傍晚仍與達詮同至官邸晚餐。
餐畢同至桂堂前談話。至十一時後就寢。

7月27日　星期五　晴、夜大雨　九十五度

昨晚睡極不佳，醒來四次，今晨八時半強起。竟日有微熱。閱報載中、英、美對日本促使投降之聲明，已由倫敦等廣播矣。以赫爾利來電通知公告文，專人送吳次長。中共近日突發佈國軍進攻邊區之謠言，實則其軍隊侵入淳化縣，今日由邵秘書長發表消息闢正之。英國大選揭曉，工黨勝利，此亦歐局一大轉捩也。十一時鐵城、立夫、天翼、雪艇、楚傖、厲生、道藩來，同商國民大會之先決條件，對名額配置頗有詳盡之討論。諸君之意見，似尚未能集中。余今日發熱，陪坐聽之（達詮亦在座），甚覺疲倦。最後略有結論。一時卅分到官邸午餐。交由鐵城報告，委座折衷指示之。二時卅分回室再談，負責洽商與負責籌備之人選各人意志不能集中。雪艇忽告我以彼職務上或有更動之望，此事余實憂之。三時後客散。小睡仍不熟，而微熱亦不退。五時魏德邁來見委座，余與達詮、楚傖談話。夜與杜聿明總司令至官邸晚餐。餐畢，洗澡就寢。

7月28日　星期六　陰雨　八十度

八時起。昨晚睡仍極不佳，今日精神依然不振，且手上與額際之微熱亦不退也。九時往謁委座，談十五分鐘歸室。與杜聿明及達詮、楚傖諸君早餐。餐畢，吳、葉兩君先回城，余就昨晚交下黨務等文件三件研究處理之。又將四組送來之四件分別決定辦發之，直至一時始畢。一時

卅分與經國同侍午餐。餐畢小憩,仍不入睡。四時卅分乃
動身回渝。處理四組之件二件,交辦一件。往訪孫哲生院
長,談約半小時歸。芷町來談。旋往見于院長,談卅分鐘
歸。與俞部長通電話。夜約監院秘長程滄波君來談。十二
時寢。

7月29日　星期日　陰　八十五度

昨夜大雨,今日氣候尚涼爽,然而我心繁憂鬱結,
終不可解。自六月中旬以來,自責自棄之念不絕於心,此
心有如蟲嚙,痛苦紛雜,終難有安遣之處。有時甚至神經
錯亂,發言亦每多錯誤。而思考一事,又往往不能得迅速
之解決。如此而再強任繁劇,其不成為狂易者幾稀矣。上
午勉強處理公事若干件。鴻鈞來談,覺其任事之勇可佩。
午後小睡,又未入睡。欲招厲生來談,知其有小病乃止。
雪艇來談一小時餘,使余滿腦筋都是待解決之問題。夜
十一時寢。

自訟錄

△身為元戎之記室達十年,而尚無一部完滿之領袖
傳略或言行錄,余之咎戾一也。

△不能如委座之意,聯繫教育學術文化方面之人
士,此余之咎戾二也。

△不能致力於推進宣傳工作,與儲備文字理論人
才,此余之咎戾三也。

　　△不能獎進青年，訓練僚屬，延攬人才，此余之咎戾四也。

　　△處事無條理，亦無本末輕重之分，雖勤苦無虧，而職守多缺，此余之咎戾五也。

　　△未能理解委座處事之要領，對於飭辦之件，遲迴審顧太多，往往延擱耽誤，此余之咎戾六也。

　　△身居繁要之地，而不悟責任之重，遷延因循，只以勤慎二字自畫，好靜惡動，畏難就易，此余之咎戾七也。

　　△對於本黨雖自勉為公正無偏之一員，然而未嘗盡調協之能事，以加強團結，此余之咎戾八也。

　　余對於公家之咎戾，上列數端，實未能盡。然因服務之故，乃至對親朋疏遠，對家庭亦未盡責任，此尤不能自解者也。

7月30日、31日併記

　　日來某種之消極觀念與引退之意仍不斷擾擾於胸中，無可控遏，亦不能自己抑止。形神之蕭索，志氣之委頓，心緒之紛繁，神經之顛倒錯亂，大有敗葉滿山不可爬梳之境象。而對外終不得不強自鎮抑，照常工作。念委座之紛繁憂勤，則余等何敢言勞苦。然余實心力、體力、能力交瘁已達頂點矣。星期一（即卅日）上午出席紀念週，與國防會一六四次常會（事前曾偕蔣秘書長謁見委座），通過聯合國憲章，交立法院案、行政院改組案及其他要

案。中午陪孫哲生院長到官邸午餐，餐畢對委座有所報告。旋於三時到中山室，開黨部結束會議。四時五十分完畢後，化之、佩秋兩君到第二處來談話，約一小時餘。最後核閱周秘書所抄擬之手令，多督促催辦之件，亦有下達於余者三、四件，直至七時五十分回寓。是日真覺疲勞已極。星期二（卅一日）上午核閱六組、四組等待辦之各件，羅卓英（新任粵主席）來談關於新省府人選事。下午來客甚多。滇生、夢麟、驪先、鴻鈞來談，事前道藩兄亦來談。整個下午時間均為見客而消耗殆盡。夜張文白兄又來詳談，真覺疲憊已極。如此下去，奈何！奈何！

8月1日至7日併記

此七日間，天時陰涼之日為多。室內溫度在七十五與八十五度之間。委座為策劃軍政、外交，往返於老鷹岩與官邸之間，余本來可赴山洞省視家人，但神形憔悴，此心悽惻棼亂，實不忍往視家人。某日接內子來書，閱之不禁下淚者再。人性樂生，而余獨索然無生人之趣。綜其原因，皆由體弱、心弱、志弱，而才具又太淺薄，責任心則太重之故也。但觀此七日間不作日記（自二十三年以來日日無間斷），則余之疲勞煩苦與心緒錯亂即可知矣。然對人仍勉強鎮定，不欲露戚戚之容。有客來，仍照常接談（有談至一小時者）。對於應接洽、協助、連繫之事項，仍照常辦理。對於四組、六組之文件，仍審慎詳閱，不敢草率。七日下午修改國防會某一令稿（盧主任秘書攜來），苦心斟酌在一小時以上（惟六日晨因眩暈疲頓，未出席紀念週與常會耳）。芷町屢次勸我請假一月休養，不知余病與職務相連，非休息所能濟事。而一切工作環境（如所屬第五組及六組祕書之未能充實），與辦事作風之不能趕上時代，則一切皆余歷年自造之錯誤，今已無可挽救。此後之叢繁貽誤，真不堪想像，綜記七日來之感想如此。

8月8日、9日、10日併記

余近日之精神疲頓，實已達於極度，而各種事務之紛繁亦日甚，以致八日以後之日記亦不能按日紀錄。余之

神經狀態失常，實以此次最為嚴重也。過去遷延因循，曠誤職務之處，姑不待言；而以前一貫的不知積極，不能準備，不善聯繫，不耐煩勞之種種缺點，今即將身受其困難。長此以往，勢必貽誤萬端。涉想及此，更深憂悶。茲將八日、九日、十日之事約略彙記如下：（八日星期三）委座在萬縣未歸，上午甘自明君來訪，今日為胡秋原對外亂發狂論不守公務員之紀律，使余極受刺激。中午時特約健中、希聖等談商必予解除其職務，而健中又兼談其自身進退，至四時許始去。發致宋院長、王部長一電，居院長來訪。夜委座歸來，即以胡秋原之事報告之。（九日星期四）身體仍極不佳，解除胡秋原國防會之職務。今日蘇聯對日宣戰，此為時局一大重要之發展，與各友研究今後之戰局與任務。夜委座約各院長會餐，余雖發熱，而不得不扶病往陪，談至十時餘始散。又與芷町等談話，就睡甚遲。（十日星期四）改講稿兩篇，作函二、三件，即頭暈不支。如此疲弱，何能支持下去。午後處理雜務，並料理四、六組積疊之各件。與道藩略談。今夜八時卅分聞日本接受波茨坦公告，宣佈無條件投降，惟要求保留天皇制。市民聞者，均鼓舞欣奮異常，余亦自念抗戰八年，敵寇終於向盟國屈膝，亦可自慰矣。十時卅分與許副部長謁委座，商宣傳事。回寓後，芷、果、藩、佩秋均來談話，芷町與我談至一時餘始寢。

8月11日　星期六　晴　八十八度

七時卅分即起（今日八弟回昆明），念及日本投降以後之各種問題，甚覺我國方面事前準備之不夠充分，此因黨政中樞近年散漫遲緩而不切實際之結果，然余身在統帥之左右，不能事前考慮研究協助推動，甚至本年以來，身體日衰，對委座面示與其希望之件，在余工作範圍以內者，亦多未能迅速確實做到，則此後之匆忙繁複，以加領袖之勞，余實亦應負其大部之責任。今勝利在望，而共黨抗命搗亂必愈烈。中國不幸乃產生此等叛國禍國之敗類，如其一旦叛變，即宣傳上之準備亦須煞費心力。余如此疲顇，將何能效一分之助。其他待連協各方以及接洽承轉諸事，其更為紛複，又可想而知矣。十一時在國府召集中常會國防會之臨時聯席會議，討論對美國建議接受日本投降之覆文等件。十二時卅分始散。委座命擬日本實行投降後之文告，詢余精力何如，余真疲憊不能為文，然而不能直言也，僅謂勉可支撐而已。午餐後睡眠未熟，起而撰擬致各戰區之電令，攜往與慕尹商量後，至官邸呈核決定。委座並詢余等以人事配備，分赴接收各地者，知慕尹將離去侍從室，此事又將增余之困難，不知新任者為何人也。至慕尹及芷町處各一轉，七時卅分回寓晚餐。夜乃建、文白先後來談，十二時寢。

8月12日　星期日　晴　八十九度

八時卅分起。此身仍極疲弱，而心緒之繁有如棼

絲。上午閱昨日中常會聯席會議之決議稿，殊感復員工作
頭緒紛雜，而中樞各部門均不能聯繫密切。余給事統帥左
右，今後事益繁，體益弱，必將大大貽誤，為之奈何。委
座約去黃山，以疾未能應召。道藩來電話，報告谷正綱
事。何近來同志不諒人情者之多也。下午宏濤來。閱宋、
王之來電與去電。旋鴻鈞來訪，攜來委座託其帶來之件二
件：（一）為公佈軍委會之命令；（二）致宋、王二人密
電，即分別辦發。前者並發交宣傳機關公佈。與孝炎、希
聖、訓念談話。夜處理組件。十一時寢。

8 月 13 日　星期一　晴　九十二度

　　八時起。今日精神似稍佳。八時五十分到國府參加
紀念週，聆主席之訓話，隨筆記之。十時十分散，請示委
座後，出席國防會第一六四次會議，通過農林部長及粵主
席、平、津、滬三市長之人選及生活調整案與其他例案甚
多。十一時五十分散會，與蔣秘書長談話。中午委座約行
政院各部會長午餐，余扶疾前往作陪，至二時卅分始散。
下午四時出席中央黨部召集之談話會，商討文告撰擬之
事，至六時散。與立夫談話甚久。七時卅分歸晚餐。夜客
來太多，擬作文，而思慮拙鈍已極，以致未就。十一時
寢。

8 月 14 日　星期二　晴　九十度

　　余今日為平生最負委座之一日，蓋日本接受投降

後，委座命擬告全國同胞廣播稿，竟未成功。此文受命已
在三日以上，而終以內容措詞著筆甚難，須加研究，以是
遷延，直至昨晚始擬略寫一簡單之文言稿件，然又以雜務
太繁而未就。今日八時前起床，即思考此事，終以九時黨
政考核委員會不能不出席，以是分心而又中止。九時到考
核委員會，詎料延至十時許始開會，略坐即退。十時二十
分歸寓，即接委座電話，催問此文，並命擱置他事，先辦
此件，然中午又須陪孟真晉謁，乃約請道藩兄代為陪往。
適岳軍主席又來訪，談卅餘分鐘，因此直至十二時猶僅寫
成極草率之前段。腦滯心繁，實屬枯竭已甚。一時卅分乃
接委座電諭，謂可不必撰寫，並囑即往。及至官邸，始知
道藩以余病狀奉達而委座亦恐余太疲滯，故已就國際宣傳
處之稿親自修改矣。侍談久之。二時卅分委座命將所改之
稿攜回斟酌繕正呈核。余閱之。覺原文格式語氣係屬英文
所寫，宜於告世界，而實不甚適宜於告軍民。道藩來談，
其所言似太覺冗長。委座自四時至夜九時，凡來電話六
次，均為此一文告而費心。余自問，十年以來，他事或未
盡職，而文字工作從未有遷延草率貽誤如今日者。今如
此，真覺無地自容矣。十一時卅分寢。

感想雜記

　　△我國勝利之局已大定，積年鬱悶，堪為一消。暴
敵終有今日，此乃民族正氣之勝利也。

　　△但我國現情，與他國不同，殘破太久，整理不

易，其一；建國事業毫無基礎，其二；八年久戰，道德破產，爭名競利，人為其私，此其三；故日寇投降後之我國善後工作，較之他國已特為繁複而艱難。

　　△何況萬惡共黨，蓄意自殘，已非一日，值此時機，不知覺悟，反而狂謀益亟，叛跡更彰，實已不惜自隳國家之生命，而阻延吾人之勝利。社會上且亦無真是非，如何順利收京，完成勝利之果，乃屬國運安危之大問題也。

　　△值此時機，必須本黨堅強團結，中樞百事有條理，有人才，乃克濟此艱鉅。但內顧現狀，堪焦急之事真太多。

　　△我今不暇責人，應先責己。回念領袖從前種種之指示，無不針對余之缺點，然而竟懵懂遲鈍，一切畏難因循，且孤冷成習，遷延成習。此一痼疾，四日來想努力克治，而腦益疲，力益弱，以余如此不振作，無準備，無辦法之人，而當此重大之任，今後事必更繁，形勢必更複雜，人事必更紛紜，如余者，誠不知將貽誤公家至何地步矣。

8月15日　星期三　晴　八十九度

　　八時許始起。日本完全接受投降之正式消息已到渝矣。九一八以來之積鬱為之一消，然念及國事前途，尚存有不少待理之問題，實無時無刻不痛感責任之重大，且亦益感體力、心力尤其才力之不堪負荷。然此時何能請求引

退。鑒於近兩個月來尤其最近數日來之繁複紛紜，余之薄弱的知能，短絀之才具，衰頹已極之身體，勢必終至於不可支持。而且腦筋中待決之問題愈多，則余之思路與考慮愈絀，竊恐將有一日以腦筋不勝負荷重量之雜慮而至於狂易也。此一思慮，觀於數日來各機關、各個人之各自為謀，而益增其焦急。又閱延安顯然抗命之電報，實不勝憤極。今日上午以抄正之廣播稿送呈，委座於十時對內外廣播。余今日見客較多，孝炎、滄波、力子、超俊、企虞等諸君先後來談。十二時卅分到官邸，與慕尹等談話。旋陪同何總長、劉次長及畢範宇先生，與顯光等在官邸午餐。餐畢與吳次長等通電話，並向委座報告數事，二時後始歸。小睡未熟，疲乏之至。道藩來談甚久。余幾不能支持久坐。旋閱四、六組之件。夜唯果來談，將去前方。十時立夫來談黨部及中樞各事。談話實屬太長。十二時始寢。

近日心中所縈擾不已之各問題

一、宣傳委員會之設置，與宣傳部改隸之先後銜接各問題。

二、聞立法院對宣傳部組織條例未通過，且主張戰時已終結，宣傳部不必在行政院下特設，並主張取消戰時新聞檢查局等機關之問題（聞已由該院呈覆，但尚未到國防會）。

三、特種宣傳之主持人選問題（似應建議委座，付託潘公展同志專責辦理之，實亦想不出其他之人選）。

四、中央各委員會之人選問題（此件已送立夫兄）。

五、參政會通過各案如何分達政府辦理之問題（其中不
　　易處理之案甚多）。

六、中蘇條約之批准手續及其有關問題。

七、中樞對當前復員接收與收復及其有關之政治法律諸
　　問題。

八、本處如何準備回京問題。

　　如上諸問題，皆須冷靜思考，然而我此一月來疲弱
已達極度，且人事紛紜，迄未能接洽會商，曠誤遷延，何
以為繼。

8 月 16 日、17 日、18 日三日併記

　　此三日間事務益紛繁，精神愈委頓，想及國事（中
共搗亂、政團乘機打劫、本黨散漫空虛、力量不集中），
萬緒千端，又念本身部分內之事務，平時既一無佈置、無
準備，此時更將堆積於一身，以是心緒惡劣煩躁，達於極
點，致日記亦不及每日記載，實亦無心記載，此所記者，
乃十九以後所追記，故三日來之經過已遺忘而不可追憶，
大略記之。則十六日見客最多，接洽各事亦最繁。午後芷
町來談一次，夜又來談一次。因委座不暇閱公事，將可以
代批之件盡量處理之。是晚九時委座約往談，岳軍、至柔
均在座。委座顯甚繁忙，余僅報告近日宣傳方面各事之要
旨及注意點。委座見我疲勞委頓，謂汝宜休息數日，扶病
工作，於事毫無益處。退至岳軍處，談一小時餘始歸。是

夜睡眠不佳。十七日上午代批四組之公事二十餘件。見客二人。午後又感極度疲勞。作函數緘，屢萌自行引退之念，然終不能自決。中央黨部送文告來，不及為之修潤，原件退回之，亦以往所未有也。夜芷町、毓麟來談（是日心疾最嚴重）。十八日晨起考慮復員各事。十時委座電話來，促余速回山洞休息，諸事可交芷町辦理。余匆匆整理各件，並留函各有關方面，下午四時回山洞私寓休息。夜十一時寢。

8月19日　星期日　晴

九時起。今日身體之疲弱，心緒之繁亂，精神之不振，較之昨日為尤甚。委座亦在山洞官邸，近在咫尺，而余竟憚於往見也。上午完全靜息，然終不能擺脫雜慮。對國防會職務上之事更為懸懸私念。如此休息，即令延長至十天，而十天以後之繁重又豈能勝乎。午後天熱，時睡時起。佩箴來訪，未及與談，允默代見之。五時卅分公展來談，攜來新華日報之號外及特別參考消息，知奸黨面目揭開，公然叛變，無可挽救矣。憤怒之情，實不可以自抑。與公展談特種會報事，更增憂慨。公展談至七時始去。夜與家人談話。十時就寢。

8月20日　星期一　晴

七時三刻起。今日精神似較佳，然亦僅上午二、三小時內心思得較寧定。自十時以後，又覺各種預慮之念與

追溯自己過去疏誤之念，以及當前各種須處理問題紛然集
於腦際，無可爬梳整理。如是者旋起旋伏，徬徨煩悶又一
日。然則此時余病豈休息之可療治歟？眼球枯燥，不能閱
小字之書報，而腦亦常感漲暈。午後小睡，亦未熟。遙念
今日中常會情形，不能自抑，何其一切放不下也。與允
默談及皋兒等事，又深覺余對家庭責任之未盡。夜十一
時寢。

8 月 21 日　星期二　晴

八時卅分始起。今日精神仍不佳，心中繫念公務，
雖無見客開會之繁，而如此休息，實等於不休息也。眼球
枯燥，視力銳減，尤為最大之痛苦。如即日恢復工作，且
須加倍之精神，今若此，其何以為繼乎。靜中無事，更悵
念無端。念八年以前之事，念八年以來工作上無調配、無
準備之各種缺點，只有僵臥閉目，可暫時抑止雜慮。內心
之煎熬，實尤甚於工作之時也。下午接祖望電話，心愈繁
亂。傍晚散步，遇丁先生於舍後，略談而歸。夜閒談往
事，心稍定。十一時寢。

8 月 22 日　星期三　晴、下午陰　九十三度

八時卅分起。連日覺兩目枯燥，山中訪醫不便，乃
於十時許回美專街寓，請朱仰高君為注射維他命 C 針
藥。朱醫診視後，謂余左右兩眼均發現細白點，宜就專科
診治。如此繁忙中，又添一心煩之事。閱望弟檢呈之要電

若干件，又閱四組批表一疊。十一時卅分芷町、希聖等自黃山歸來，希聖亦患疲勞之症，血壓低降，然仍強支也。芷町為余談黃山商談經過。委座對中蘇友好條約，命擬一說明之文件，由希聖擔任云云。又略談他務。午餐後芷町去。余本欲銷假，而祖望等勸我且先休息。三時卅分仍回山洞，先赴中央醫院診視。張醫師謂須再休息一星期，並用油膏，每日塗敷。六時回寓，夜十一時寢。

8月23日　星期四　上午陰雨、下午晴

八時卅分起。昨晚睡眠不佳，中宵醒五、六次，然今晨氣候涼爽，故上午精神尚覺安定。與允默等商余先行，以後眷屬之行動問題，默主張遲數月後再由江輪下駛，其計劃亦殊有理由，然沿途隨護之人則甚難擇也。午前後及晚間敷眼藥三次，未能即有速效。午後小睡，忽又悵念萬端，不能自抑。此次以宣傳部改隸案未決之一事，使余最感懸心而不安無已。強起與明兒外出散步，約一小時許。明兒與余談話，頗能使余慰解。夜坐庭下納涼，與家人閒談，直至十二時寢。

8月24日　星期五　晴

八時卅分起。今日目疾仍未癒，然上午氣候尚涼爽，作貼報工作一小組，又作函二緘，分致芷町、希聖兩兄（另附簽呈，擬請以陳漢平君為四組副組長，並請委陳豪楚為四組秘書，均託芷町閱後轉呈）。又附一函致望

弟，以希聖需用白蘭地為藥劑，乃將五年前所藏貯者開瓶
分四分之一以贈之。午餐後小睡不成眠，繁思紛集，勿能
自禁。四時張冷僧師特來訪問，為余診脈，處中醫方劑，
並力勸余冶心修性，一切應力求豁達。談一小時始去，其
盛意至可感也。夜納涼庭院，與家人談至十一時寢。

8 月 25 日　星期六　晴　九十七度　渝市

八時起。昨晚睡眠仍不甚佳，目疾依然如舊，視力
糢糊，甚可悵恨，只得僵臥休息而已。向午樂兒、憐兒隨
祖望弟來山寓，祖望攜來中蘇條約全文，與宣傳綱要全
文，僅略閱其梗概。與初步開始商談時相較，保全我方主
權之處甚多。宋、王二人可謂煞費折衝矣。綱要經委座核
定，略改文字，仍交祖望攜回之。午後念事務日繁，體力
日弱，又不能即時銷假，甚感心繁。小睡不能成眠。四時
許蕭生自誠來談甚久（周宏濤兄亦曾來談）。五時卅分芷
町來訪，談處內各事，並告余以委座決定改變侍從室之組
織及更動余之職務事。芷町堅決求去，余與之詳談，亦覺
無法強留其服務。十二時始寢。

8 月 26 日　星期日　陰、悶熱、夜大雨　九十八度

七時即醒，八時起。聞岳軍昨晚宿山寓，往訪未
值。旋於九時往謁委座，岳軍亦在座，談侍二處改組之意
見。委座仍欲堅留芷町主持改隸後之原來任務，謁談卅分
鐘即辭去。十時卅分岳軍來談一小時。旋文白來覘余疾，

友情可感。一時委座約往午餐，二時餐畢侍談十分鐘歸寓。皋兒為我敷眼藥，適林文彬醫師來診目疾，診視約一小時，斷為十年以上之宿疾，一時難望痊癒，只用藥並須休息以期不再增加。聞此言不禁心灰已極。余之工作全恃目力與腕力，今兩目模糊，手腕震顫，豈非已成一無可用之人乎。唯果兒攜藥相餽，並談前方情形，約一小時許。夜休息不作事。十時卅分寢。

8月27日　星期一　雨

九時起。今日紀念週及國防會一六六次常會，均因病請假未出席。今日中蘇友好同盟條約公佈。值此繁冗之際，而余乃不得不養病山中，無論對事對人，均覺負疚無極。以天時陰雨，室外無強光，於休養目疾較宜，上午似覺精神有恢復之趨勢，目疾似亦較前痊癒，惟兩腕仍稍有震顫，此於工作最有妨礙。午後小睡，徬徨之念又起，心神繁亂之至。服安眠藥二丸以上，乃稍鎮靜。允默告余，以皋兒決定於九月內與邱女士結婚，余此次不能為之主持一切，只得由皋兒自籌，甚歉然也。夜與芷町通電話，與家人談話，並對樂兒有所指示。十一時寢。

8月28日　星期二　陰晴

九時起。今日精神狀況仍極不佳，不能用思慮，亦不能作事。尤苦者，視昏茫而手腕震顫，不能寫字。如此休假十天，可云一無效果。自斷此身已無服務之能力，恐

今生自此成為無用之廢物矣。奈何！奈何！細兒、鎧兒、
樂兒等今日均不別回校。午後聞毛澤東今日可到，閱新華
日報載中共之宣言，內容狂悖，其態度未變更，慾望野心
仍極大。即令談判，而荊棘殊多也。國家多難，杞憂曷
極。祖望來電話，侍從室歸併事將立即實行。職員之安頓
大非易事。傍晚委座宴客，命余作陪，力疾前往，到官邸
以後，乃覺兩手沸熱，有發燒現象，不得已請假焉。夜處
理來往文件。十一時寢。

8 月 29 日　星期三　晴　九十六度

八時卅分起。病體仍未復原，視昏手顫如常。繫念
山下各事，乃於十時十五分整理各件，回美專街寓。與祖
望談話。一到渝寓，便覺炎熱異常，於病體實不相宜。今
日始知甘自明兄奉調為外交次長，余事前一無所知。自茲
國防會事又多一分困難矣。致自明一函，囑仍照料廳務
四、五天。午後小睡一次，悵念公私，不能入寐。道藩來
談甚久。勸余乘此時應作六個月之休息。事實上何能辦到
乎。又服藥小睡，約二時。芷町來略談即去。明日世璽出
國，諸兒女均來此送行。夜已服藥矣，十時許芷町又來詳
談甚久。十一時十分寢。

8 月 30 日　星期四　晴　九十七度

九時許始起。今日上午余媳世璽飛往印度赴美。上
午精神似較佳，手顫之病已減輕，目疾仍未癒。約朱仰高

君來談，贈以手錶一只，並詢此後療養之方法。彼對余之身體，仍謂主要以休息為重，而藥物之效次之。朱君為我友誼診治，異常熱心，一年來過從極密，甚可感也。閱各方函札若干件。致立夫、鐵城兩君函各一件。處理道藩兄來件兩件。正午約唐組長來談約卅分鐘。午餐後小睡約一小時。孟海來談甚久。對侍從室改隸之案，頗嫌其太驟也。傍晚七時以望弟之勸，偕細兒、憐兒等至小龍坎後回山寓休息。十二時寢。

8月31日　星期五　晴、下午陰　九十六度

八時卅分起。余此次在十九日休假以前，尚不自覺病象之如此嚴重，今病假十日早已滿期，而目眩、腦昏、手顫、舌枯，以至思慮繁雜、精神疲頹之現狀，畏聲、畏光、畏見客治事之嚻煩亦益甚。如此情形，即欲強自振作，在體力上、精神上實已絕無可能。今晨檢討，停戰以後，黨國之現狀與中樞之責任，以及過渡時期中內外工作之艱鉅與人手之缺乏，為委座設身處地以思，其勞瘁紛繁，以及臨事只得迅速解決，不能再作周密考慮。種種要務，萃於一身，勞繁可想而知。余隨侍十年以上，乃值此時機，罹茲心疾。回念已往種種，縱有微勞，實不能掩延誤因循之大愆，余誠為不知自量，而只知愚忠自效之大愚人也。以電話請見委座，下午四時卅分往見，請示侍從室改隸事實施時之先決問題。委座無甚表示，僅謂汝等可詳商之。余又陳明體弱決不能獨當國防會之任務，只能以副

秘書長名義追隨自效。委座亦未確實允可。又請示黨務案，謂可俟慶祝典禮後再定。談約二十五分鐘。委座一再囑余靜養，暫不問其他事務。聞之只有感激。夜與家人閒談。天熱而多蚊，至十一時三刻始寢。

9月1日　星期六　陰雨、下午晴　九十二度

　　九時起。聞委座今午約達詮、孟真、芷町、希聖及余敍餐，以電話囑祖望轉約，並詢有無要事，答稱，無急要事。旋又接通知，改在曾家岩敍餐談話，余乃決心回渝。十時卅分佩秋來談第三處改組與改隸之辦法。叔諒亦同來，余與佩秋談四十分鐘。自誠亦來談。十一時一刻乃與佩秋、叔諒同車回渝，料理文件數件。一時偕諸人同往官邸，始知慶祝禮決於三日舉行。委座口述大意，命希聖、芷町擬講詞，臨行仍囑余回山洞休息，以痊癒為止。退至美專街，與芷、希、道藩三人談話，囑希聖兄寫初稿。旋芷町留談，忽表示堅決不受新命，余殊無言可以慰勸。又與道藩單獨談話一小時餘。吳國楨部長來訪談卅分鐘去。夜自誠來談一小時餘。心煩已甚，十一時寢。

9月2日　星期日　陰晴　八十四度

　　八時起。取希聖之初稿來，為詳閱而修改補充之。九時三刻完畢交繕（此文早應今日清晨送呈，實已貽誤也）。委座兩次電話催詢，至十二時始由自誠送呈焉。上午與希聖談話。漢平來，以值改文，未及與談。二處同人紛紛有求去之志，昨日聖芬來，余亦未及與談。且外間對此次改隸案猜測紛紜，物議蜂起，余之地位甚難處也。朱醫又來診，題字以贈之。一時午餐後休息，往訪亮疇先生，知其乘飛機後有小病，談卅分鐘而別。芷町來時，適余外出，匆匆未與談也。念明日以後之三日間，渝市必囂

煩異常，故決心暫置而仍回山洞休息，皋、皓兩兒均僅匆
匆一談，六時抵山洞。夜十一時寢。

9月3日　星期一　陰、下午晴

　　睡至十時許始起。此來決安心靜養，拋開一切，故
偃臥時間為多也。今日為國定慶祝勝利之日，八年抗戰艱
苦，獲得日寇無條件投降（昨日已在東京灣「米蘇里」艦
上由日代表重光、梅津簽署降書，盟軍已開始登陸日本本
土）。回憶九一八以來，所受種種凌侮與殘虐，洵為中華
民國稱慶。最高統帥之決策，於今證明為絕對正確。即余
患難相從十餘年之辛苦，亦可謂不虛負矣。雖曰前途工作
仍極艱鉅，然積年鬱悶為之一舒。獨惜余病體纏身，今日
上午遙祭國父及慶祝典禮不克參與耳。午餐後至晚間，陶
副官為我滴「沃古靈」劑三次以治目疾。余之目疾已治療
十日以上，仍不能癒。今日視覺更模糊，且右眼不能看小
字（前數日左眼較劇，似有移動性，亟盼其早癒，可恢復
工作也）。如此情形，不知何日始能痊癒。閱中央日報及
大公報全份。小睡一小時餘。但傍晚念及侍從室事，又覺
悵念萬端，無安排之法。信步至會議廳（今晚委座宴美國
議員）。遇希曾兄，談侍室改隸事，彼急欲脫離，亦人情
之常。然余一片愚忠，仍為委座憂人事之脫節也。今日閱
本黨告民眾書亦甚妥貼，國府明令四通均甚得體。祖銘甥
來談。夜閱唐人詩消遣。十一時寢。

9月4日　星期二　陰、下午晴、夜雨　七十八度

九時卅分始起。此次再來山洞，甚思排除雜慮，絕對休息，以期早日恢復健康，然每日上午較閒定，而下午即不能自己控制。對於大局，對於本身職務之遞嬗、生活之變更，又無時不縈擾於心胸。此誠痛苦徘徊最難遣之心境也。今日亦然。上午讀舊書，尚覺心次廓然。下午二時卅分小睡起，又心繁不止。閱報載講詞用語措詞似有未愜之處，此皆余不在渝未遑略加修潤之過也。聞蔣夫人已到渝，未及往謁。夜與家人談，甚感此後經濟之壓迫，太息不置。十一時寢。

9月5日　星期三　陰　八十二度

八時卅分起。今日身體精神不但無痊癒之象，且目力、腕力似更差，內心煎迫悲憂，不堪言狀。

（一）想到復員工作千緒萬端，而領袖冗忙，中樞散漫，絕無發動；

（二）自身職務尚無確實著落，體力大衰，已屬無可效力；

（三）侍室改隸中，同人或求去或求昇調，應付大難；

（四）以侍室改屬文官與參軍兩處，編制階級互不相同，本屬勉強；

（五）個人此後處境大難；

（六）個人經濟與生活必成問題。

以此數念，擾擾於胸，故今日之徬徨煩悶，得未曾

有。起臥數次，甚為不安。自顧身心現狀，真無能再為公家服務矣。與祖望通電話。作函數緘，亦未發。今日休養結果最不佳。十時就寢。

9月6日　星期四　陰晴　八十六度

九時起。今日精神仍不佳，然上午則視力尚好，腕力仍微弱，作字即覺略有震顫。勉強作函二緘，均屬私事。余近日雖仍縈心於國事，然一切隔閡，而身體情況又如此，實再不能為公家服務矣。十時卅分委座約往水池邊談話，略詢病狀，囑繼續休息。並謂下午擬舉行茶會，紀念赫爾利到華一週年，命草擬紀念講詞。十一時一刻歸寓，即為撰寫，至一時始畢，送周秘書宏濤即刻繕呈之。一時小睡至三時許起。精神又感疲乏而徬徨。自誠攜文件來談卅分鐘。夜與允默等談話休息。允默左腕有僵痛之象。十時卅分寢。

9月7日　星期五　晴　九十二度

八時卅分起。今日天氣驟熱，陽光強烈，於目疾極不相宜。上午記日記，寫至中途，未及兩行，即覺腕力震顫。弱軀如此衰疲，而恢復又如此緩慢，誠不知此後艱難伊於胡底也。閱中央日報紀載，言論疏略凌亂，深為本黨痛之。近日敏感特甚，念國事、念中樞、念今後復員工作之紛繁，更念自身與家人妻子，悵然歉然，而不知所以為懷。甚至見家人冒暑為余洗衣備食，亦感無限之歉疚。拂

之不去，抑之不能，此真神經絕大變態也。下午仍起臥不
安，一如昨日之狀況。立夫兄夫人及養春夫人過我家訪內
子，並視余疾。夜接秀民函。十時卅分就寢。

9月8日　星期六　陰、夜雨　八十度

九時三刻起。周秘書宏濤來談，約半小時去。余此
次之病，休息已滿二星期以上，而病狀不見減退，目疾及
腕顫反而加劇。環顧國際、國內及本黨中樞、革命根本，
均多可憂之處，如此息影山間，此心終不得寧貼。爰定今
日返渝一視。十時後皋兒來談。下午小睡後於三時許回
渝。約祖望來談，並處理事務數件。道藩兄來詳談。談畢
而余乃疲甚，只得僵臥矣。如此幾成半廢之人，何以作
事？何能服務？更何能度此後艱苦日增之歲月？真覺憂慨
無窮。近兩週來，神經脆弱不可名狀。追悔之念，與預慮
之念，均無可排遣。且即極小之事務，絕無關係之事情，
亦復敏感異常。念此後自身之職務與生活環境，均將有與
前不同之變遷。垂老之年，而乃修養缺乏至此，讀書半
生，誠屬徒然，殊自愧也。夜實之來談關於中央黨部之所
聞，外間對侍從室改隸及復員中各項措施，均有猜疑與不
經之傳說。實則一切出自領袖之意旨，非任何個人或某部
分人所發議。黨內無互信，自今以往，何以應茲難局乎。
俞欽內侄來談，勸余保養身心，其意極可感。十時卅分已
服藥，將就睡矣，芷町來談甚久，直至十二時卅分寢。

9月9日　星期日　陰、夜雨　七十五度

九時後始起。今日仍休息，未恢復工作。上午精神似稍佳，但仍不任思慮之煩。憂念公私，惆悵無極。擬出外訪友，因頭眩中止。十一時陳漢平君來訪，詢余以進退之方針，余囑其候芷町兄之指示。十一時岳軍來訪，談近日彼等與周、王諸人商談情形，共黨氣焰極高，顯不欲談判有所成就。午後小睡約一小時起。許孝炎君來談宣傳部事及對於申報處理之意見，約一小時餘而去，傍晚心境甚惡劣。夜接允默函，四弟、明鎬及望弟來談。十一時卅分寢。

9月10日　星期一　陰雨　七十二度

今晨睡至九時餘始起。閱報二份，目光極壞，較之昨日更覺不如。大抵著新五號字二千字以後，即不能辨認，須稍休息以後始能勉強閱覽。竟若霧裡看花，不意驟然衰老至此也。紀念週及國防會仍請假未去。覺週身發冷，且異常疲倦。於十一時再就床休憩。二時起，略進餐，食而不知其味。三時後仍不能支，再睡至五時卅分起。今日精神之疲憊為此五日來所未有。傍晚道藩來談。夜自誠來談，彼自身仍願出國。旋乃建來談。十一時後芷町來談甚久。十二時卅分寢。

9月11日　星期二　陰雨　七十二度

九時卅分起。今日天陰，且睡眠充足，故目光糢糊

之象較昨日為瘳。自喜身體已有進步矣。王冠青君來談，
仍願助余學習文字，告以暫不必脫離圖審會之職務。旋羅
佩秋君來談第三處事及果夫先生之病狀，約一小時餘。午
餐後羅君去，李白虹君來談。二時後又小睡一小時起。目
力可閱小字，似略有痊癒之狀。四時後希聖來長談感想及
其個人今後之出處，至六時始去。檢呈件二件，擬明日送
呈之。夜與實之談。蔣夫人遣人來餽物，其意可感。芷町
亦來談。十二時寢。

9月12日　星期三　陰　七十五度

　　九時五十分始起。今日精神極不佳，此心之亂，有
如蓬蒿；此心之苦，有如荼藥。而目光又極模糊不能用，
故鎮日萎頓，屢睡屢起。皋兒為我注射維他命C針，未知
有功效否耳。午刻秦振夫君來談。下午劉同縝秘書來談。
四時委座約陶希聖往談（陶君以二十二年第五、六冊之事
略面呈，其三、四兩冊則余於六月間在黃山面呈者也）。
希聖歸來後，來談約卅分鐘。積祚來談，商人倨傲之態，
實屬令人不耐。傍晚孟海來談實之弟之出處。夜心繁益
甚，不思作事。十時即就寢。

9月13日　星期四　晴　七十八度

　　九時二十分起。近日晏起成習，實因精神心緒兩皆
不佳之故也。上午閱委座手諭十餘件，又中央黨部各委員
會之名單及吳秘書長八月卅日之簽呈，奉批交下，即為斟

酌親辦一代電，並將原批改之名單附去。向午公展兄來談
宣傳事及申報事甚久，一時始去。午餐畢小睡。屬生兄來
視余疾，未晤談而去。慨念公私，不覺悵惘不可名狀。接
允默來函，知其指痛加劇，更覺心繁。四時甘自明君來談
外交事。六時卅分亮疇先生過訪，略談廳務。余忽覺頭
暈，蓋不耐久談也。夜皋兒為余打補針一支。道藩來長
談，所聞者都無好懷。十時卅分芷町來談，十二時去。
即寢。

9月14日　星期五　陰晴　七十八度

九時卅分起。今日精神心緒仍不佳，目力未癒，而
毫無氣力，不能作事，故上下午均在休息。然縈心雜務，
終不能釋。且常有客來，不能不酬對也。向午佩秋來談第
三處事，囑其往訪芷町接洽。午餐後一時小睡，以心繁，
旋即起。然仍覺疲憊，遂又再睡一小時。趙志游君、馬星
野兄均來訪，未及晤也。約冠青來談。嗣道藩來談兩次
（後一次為代見張潛華談東北情形）。傍晚辟塵來談甚
久。余為之述余個人經濟困迫之情形。夜孟海來談約一小
時。十時芷町來談組務與處務。十二時始寢。

9月15日　星期六　晴　八十二度

九時卅分起。今日精神仍不振，目光極壞，天時轉
熱，恐對余身體更有影響矣。閱第六組前次送來各件，送
還之。鄭秀民兄來談，為王熙補請忠勤勳章，以其合於標

準（服務十年以上），乃允之。又為國防會教專會證明專
任委員羅方中之甄審件。約蕭秘書，知其在山洞未歸來。
午餐後又小睡至三時卅分起。閱舊卷若干宗（皆主任室存
查之件），擬分別保藏或毀棄之。傍晚實之來談。與吳
國楨部長通電話。夜與細、憐、皋、鎧諸兒談話。十一
時寢。

9月16日　星期日　晴　八十六度

九時起。休假將滿一月，而所患毫無痊癒之象，今
日仍鎮日不能工作。約蕭自誠來談，知其上午又去山洞
矣。為本室移交職員之事，與祖望等討論。彼等之意見未
能與余一致，尤覺悵然。午餐後小睡甚久，精神不振，意
志萎散。接閱明日中常會議程，讀之徒感心繁。黨內之散
漫無重心如此，將何以任建國之重乎。五時力子先生來
談，慰余之病，並略談近事，勸余多作休息，並應達觀，
談一小時而去。皋兒今日再為我打維他命C一針。夜十時
芷町來談。十一時就寢。

9月17日　星期一　晴　八十九度

九時十五分起。余久病不癒，今日函呈委座，再展
假一星期，故紀念週及中常會均未出席。上午辦發簽呈三
件，又囑祖望以：

　　（一）五組圖書費餘款一萬一千二百餘元函一組
　　　　　繳還；

（二）二十八年三月後所存藝文會餘款存數約一萬八千四百元（另加息金）繳還一組轉繳公費股。

上午辦事半天，稍感疲累，但目光枯燥之象則今日已大減，兩目似覺滋潤，但願從此有進步耳。下午甚熱，小睡兩次。整理各種文件，心神仍感煩躁。皓兒送三萬元以補助家用，亦足見彼等之孝思，余姑且受之。蓋今後生事日艱矣。上午兆梅、冠青來談。傍晚熱甚，燈下為委座修改九一八講稿，九時卅分畢。約希聖來談甚久。十二時始寢。

9月18日　星期二　晴　九十度

九時卅分始起。今日為「九一八」紀念日，回溯余自民國二十年此日所受打擊以來，常覺愁雲慘霧籠罩腦際，其後國難愈深，痛苦愈甚，十四年來，內心實無一日舒暢。今雖國土重光，而前途之艱難困苦正多，余身已不可復用，臨此紀念日，真覺百感交集也。今日天氣更熱，目力更模糊，又恢復十六日以前狀態。向午益弟來談，至一時後始去。午後心緒繁亂，無力作事。偃臥中，感想紛雜，再服鎮靜劑S. Ipral 使之睡去，真飲鴆止渴也。今夜委座向全國作紀念廣播，自誠以稿逕送中央社，又送余核閱。中有數語極難理解，但又無能為之改易。十時卅分芷町來談。十二時寢。

9月19日　星期三　晴　九十度

九時許始起。近來不能早起，總由不能早睡而服安眠藥又太久之故也。上午精神略佳，目力仍昏眩。張閫聲師來訪，談行務，約卅分鐘去。略理積件，十一時往國府，訪吳達詮君，談侍從室二處與政務局銜接之意見及高級職員移送任用之辦法。在彼處晤周詒春君，談至十二時始歸。狄君武秘長來訪，由叔諒代見之。午餐後天時驟熱，閱各種文件，又多感觸而徬徨，痛苦亦增，心繁不可名狀。屢睡屢起，不得已又在日間服安眠劑，實甚不妥也。五時許強起，接見盧主任秘書滇生，與談一小時餘，以致亮公之函託其轉陳。七時卅分晚餐，孟海、實之來談。旋芷町來談，十一時卅分去。十二時寢。

9月20日　星期四　晴　九十度　中秋

九時起。閱報載消息及言論，殊無足以慰遣者。一般均以戰時既終，意志日益離散，事事對中樞苛責，而本黨幹部又復不察危機，不知團結振作，惟知乘此時機，各為自己之親信打算。蓋形勢之危，實有甚於十六、七年之時代也。上午閱公私函件及廿五、六年舊存之件，積存過多，分別毀棄或保存之。又閱六組批表。內外之所以謀我國者日亟。午餐時分發公役節賞達三萬餘元，以幣值日低故也。餐畢小睡，一小時餘起。天時燠熱，致神思大覺疲憊，且仍心繁，再睡至五時許始起。奉委座批諭，准我假期至下月十七日，又批下人事件三件。芷町來談一小時餘

而去。夜飲酒少許，以誌佳節。皋兒、皓兒先後來談甚
久。至十二時許就寢。

9月21日　星期五　晴　九十度

　　九時四十五分始起。連日頹唐，真達極點矣。目疾
仍不癒，視力糢糊，有時幾不能辨大字。今日中常會臨時
會請假未到。叔諒攜件來談，為委座批增加西洋哲學名著
編譯委會之件。又辦發文件數件。十一時夢麟來談行政院
事，並勸我赴美就醫，十二時卅分始去。實之來報告上午
開會情形。午餐後仍小睡三時起。料理私人函件一疊。以
精神不振，再睡。傍晚健中來談約一小時餘，頗多令人心
繁之語。國防會送來稿件，而原件未附，且措辭不甚合
宜，退回囑重檢原件送核。以此嘆人才之難。夜芷町來晚
餐，談次頗表示牢騷，十一時去。十二時寢。

9月22日　星期六　晴　九十度

　　今晨八時卅分起。囑君章來，再理密檔，並告以大
旨。致亮疇先生一函，致均默副秘書長一函。今日擬往山
洞一行，覺應先訪友，十一時往訪第一處商主任，詳談本
室過去之狀況及現在改隸中之種種意見。啟予先生篤厚周
詳，殷殷下詢，其謙沖令余傾佩，談至一時許始歸寓午
餐。餐畢洗眼，甚覺疼痛。二時十五分由渝動身，三時到
達山洞，知允默所患之指疾未瘉。四時約周秘書宏濤來談
甚久。委座下午事極冗繁，亦不往謁。今日山中亦甚熱，

至晚餐後稍涼。與諸兒閒談。十時卅分寢。

9月23日　星期日　晴　九十度

八時起。上山以後，較渝市已大見涼爽，然余仍覺氣候極蒸鬱也。為人事等件及侍從室改隸事，有須請示者，於十時卅分往官邸，請謁委座。適委座在繕寫函札，十一時出見，談約卅分鐘。今日諭示大意：

（一）六組業務不宜分割隸屬；

（二）第三處只可派數人併入人事室。

此與前所擬議者不相同，然余以委座今日繁忙，亦未暇從容陳述研究也。十二時午餐，餐畢小睡多夢。夢中仍為日常辦理之公事，或文件之複現，此心不能寧定，休養亦無大益。又以天時甚熱，感覺疲乏，屢睡屢起者二次，仍一如在渝之情況。四時強起，目光仍模糊異常。丁先生約往談，詢余之身體情形，及今後擔任何名義，以及侍從室歸併之大略。余一一告之，並謂余不計名位，今後身心如稍健復，仍願以私人供驅使，而決不能主持一機關，以非才之所宜也。與丁先生談良久後，往見蔣夫人，已一年餘不相見矣。知其健康全復，甚以為慰。彼詢我之病狀甚詳，勸余一切曠達，勿再如過去之預慮來日事。且謂安眠藥不宜多服太久，可試以酒代之。饋余葡萄酒二瓶，至可感也。晚餐後略有陰雲意，不久或將下雨。與旦文姨氏、允默及皚、明、樂三人閒談往事。十一時寢。

9月24日　星期一　晴　九十度

八時十五分起。整理物件，偕允默攜鎧兒回渝，途經高灘岩，約皋兒同歸。皋兒患寒熱，余本勸其留醫院，然彼為籌備各事，亦亟思來渝，故同來也。祖望、實之二人先後來談。老友趙志游君來談甚久。余以病假，今日未出席國防會常會。午餐後約佩秋來談，天時轉熱，似已逾九十度以上，屢睡屢起，目力最感枯燥。四時起，與允默談話。閱六組呈件一疊、批表兩疊。五時卅分自誠來談甚久，告我以張、周等談話之要點。六時乃建來談，告以委座面諭，六組不可分割之意，彼極快快。傍晚文白兄來訪。晚餐後更熱，希聖來談，旋芷町來談頗久。十二時寢。

9月25日　星期二　晴、夜大雨　九十二度

八時卅分起。昨晚睡至中宵即醒，再服藥又睡，如此緩性自殘，余真不知何以善其後也。早餐畢，略閱文件，即感疲煩異常。作致金楚珍一函，未發。皋兒近日患瘧疾，婚期日近，殊為焦心。十時到堯廬，討論頒授侍從室勳章之事，以第三處異議甚多，故進行遲緩，散會時已十二時矣。與化之略談即歸。一時午餐，餐畢小睡。天時暴熱殊甚，午後竟不能作一事，流汗浹背，僅著汗衫，猶嫌熱甚。閱六組件兩疊。夜與允默談。九時卅分芷町來談。十一時卅分寢。

9月26日　星期三　陰、下午略晴　八十四度

　　清晨三時以大雨而醒，不能復睡，至五時服藥重
睡，九時五十分始起。今日氣候稍涼，目疾不似昨日之
劇，而精神不振，作事不敏捷，且心思散雜，此病誠非旦
夕所可求痊也。午前核定國防會代秘長期內簽呈一件，即
未作他事。午餐後以電話詢果夫，知尚未進城。小睡至三
時後起。道藩兄辭副主任職已照准，來辭別，自茲彼乃脫
離侍從室矣。皋兒患病未癒，似斑疹傷寒，今日移院居
住。文藻、冰心伉儷來訪，又得梁均默兄來函慰疾。五時
偕陳、陶二君應召謁委座，口授要旨，命希聖擬雙十文
告。六時十分歸，與啟予主任通電話。夜十時乃建、芷町
兩君來談，十一時始去。代批新聞檢查件。十二時就寢。

9月27日　星期四　陰晴　八十二度

　　八時卅分起。辦理本處人員請勳獎之件。九時許商
主任啟予先生來談，旋芷町亦來。商主任以委座欲將侍衛
長室併入軍務局之意相告，是其業務益臻繁複矣。十時
十五分應吳文官長之約，與商、陳二君同至國府商洽結束
歸併之事。果夫病癒，亦來出席。漢翠、靜芝、趙桂森三
君列席。討論文官處組織條例及參軍處組織條例兩案，達
詮先退席往林園，余等商談至一時許始散會。兀坐二小時
餘，即感疲勞，可知體力未復也。午後天熱，小睡至四時
起。果夫來談，至六時許始去。滇生來談。七時曹聖芬君
來談，勸其繼續安心服務，頗勗勉之。七時卅分晚餐，餐

畢仍極熱，心繁無力作事。與四弟等談話。十二時寢。

9月28日　星期五　陰雨　七十九度

　　八時五十分起。昨晚有驟雨，今日上午仍有微雨，下午雨止，天陰而氣候極為悶熱。余今日覺骨痛、頭痛，服阿陀方與露密那丸始稍止。傍晚忽有極輕微之寒熱（約為三十七度四），可知此身仍不堪疲勞也。午前起床後，略閱報紙。接自誠來電，知已抵西昌。十時吳達詮文官長來訪，談國府文官處修正條例及新提簡任各員之奉批要點。余請其注意實際移送人員之員額（先是宏濤已來談，謂張廷楨翻譯密電，所職極重要，應請界以簡任級之職務云，故亦與達詮提及之），因委座將秘書員額批減二人，故擬設簡任編審以安置之。達詮去後，鄭西谷廳長來訪，轉達谷主席託轉之言及其自身今後願來中央服務之意。西谷去後，芷町來談與達詮商洽之經過，並商本室人員移送之件。午餐畢，又談一小時許始去。午睡時間甚短促。接泉兒一函，附致其婦一函。兒婦世璽仍滯印未成行也。凌其翰君來談越南方面接收問題之困難，近日內憂甚多，而外患亦紛起（越南獨立分子與法軍問題、菲島虐待僑胞及暹羅排華事件），今後內外情勢備極複雜，中樞之應付叢脞極矣。核定第六組代擬簽覆特種會報加強辦法之件。又閱轉四組之電稿等數件。夜與希聖、實之、祖望等談話，至十二時始寢。

9月29日　星期六　陰　七十九度

八時卅五分起。今日天氣陰沉，但甚鬱悶，余頗覺不耐如此之秋熱也。委座出巡西昌未歸，侍從室明日應結束，督飭各單位辦理移交。以第五組文件囑四組王熙攜回歸併之。汪榮章來見，為介紹於行政院。公展來談甚久，逾午而去。芷町以十二時卅分來此，午餐後談約一小時餘始去。午睡不及一小時，然今日目疾似稍瘥，精神亦較佳。聞益弟將行，致函惜別。並致馬星樵、李唯果同志各一函，託其帶去。連寫三函，尚不覺吃力。傍晚約乃建來談今後六組之事。聖芬來談，對擬任編審之名義，似頗悒悒。新舊變動時，總有此現象也。實之、孟海來談。並閱移交文兩件備發出。十二時始寢。

9月30日　星期日　雨　七十四度

八時五十分起。今日天氣驟涼，聞嘉陵江水大漲，氣溫當將續降。氣候既復正常，余之精神似亦應恢復矣。侍從室本日結束，然接任機關之修正組織條例尚未通過，故如軍務、總務及第三處部分似短時暫仍其舊，但第二處較為簡單，遵限結束，先將人事名冊移送，其他件因四組檔案冊須三日後始齊備，故不得不暫緩。今日督造五組各項清冊，甚費精力。下午只小睡一小時。核閱私人來函一疊，酌為辦覆。近日惟人事之件最傷腦筋耳。六時後道藩、芷町先後來談。七時二處同人約四十四人假四號敘餐，九時餐畢，道藩來談一小時餘，以目疾早睡，十時

五十分就寢。

10月1日　星期一　風雨　六十六度

八時三刻起（今日已將戰時鐘點復原，撥遲一小時）。天氣轉寒，下午愈甚。余今日以侍從室已改隸，略可安閒，然精神未復，視力仍昏昧，且因氣候驟變，致有微熱，殊可憾也。邵毓麟兄自京滬回來，到寓訪談，所聞多可憂慨者。談一小時半始去。惟果亦於二十九日回渝，約其來談一小時許。八弟自昆明回來，言將有河內之行。午餐後小睡甚疲乏（希聖亦回南岸，其雙十文告未寫成）。四時張厲生兄特過訪，談三刻鐘而去。余忽有寒熱，似瘧疾。委座電約往西昌休養，因病未能往，殊負其意，以電覆之，並託陳辭修君轉告王叔銘兄代陳。夜實之來談。十一時卅五分就寢。

10月2日　星期二　晴　六十四度

九時卅分始起。昨有寒熱，今日暢晴，已癒矣。然畏寒特甚，而目力亦不明晰，金醫新藥之治療，恐未能使目疾復原也。與允默整理藥箱，以存藥過多，擬售去一部，以抵開支。核付上月之賬目，開支約在十萬以上，而今後收入減少，個人經濟甚受壓迫，頗為可憂。午餐畢，芷町來談。接毓麟函，殊感處理不易。覆國防會盧主任秘書函，又覆教育專門委員會函。今日下午睡時較長，然日間人工致睡（服藥），雖減思慮，殊傷身體也。午睡起，整理篋上積件，未完畢。希聖居南岸，其病可念。晚餐後芷町來談，酒後有甚憤慨之語，謂不願出任國府事。十一

時始去，十二時就寢。

10 月 3 日　星期三　陰　六十四度

　　九時十五分起。近十日來雖照常服安眠劑，而中宵必醒二、三回，清晨則疲滯矇矓，不能即起，可知失眠之患日深一日，已屬無可補救，而老態亦日增矣。如此身體，何以處此繁劇之時代，洵可焦憂之至。病假中，不常與外界接觸，普通客來亦多不延見，但對於中樞黨政現狀之散漫紛紜，復員與收復工作之障礙叢集，獨居深念，仍復不能釋然於懷。天氣驟寒，昨日精神較好，而今日則瑟縮畏寒，更覺不支。總之身心兩疲，休養無效，如此情形，不知何日始能銷假視事也。皋兒婚事，今決定於雙十節舉行，余亦不克為之主持籌備。適值此際公私交困，真無以為懷也。上午閱報以外，未作他事。宏濤來談卅分鐘。接公展來函，商赴滬主持申報報務委員會事，擬覆函勸其考慮。中樞此時需人，實不宜使重要同志遽離也。午餐後小睡至二時起。周惺甫先生來，值午睡未起，致未接晤。下午五時到勝利大廈，賀宏濤兄結婚，未及觀禮而回。與樵峯兄談，知滇局人事有變動。朱經農君來訪，談卅分鐘去。夜閱積存外交件，以電話與乃建談話，知滇主席已易盧永衡，以李伯英暫代。十時後芷町來談甚久。又與望弟、八弟談話。至十二時後寢。

10月4日　星期四　陰雨　六十五度

八時五十分起。閱報載，國府及軍委會命令，滇省軍政機關均有更動，此當為委座最近苦心策劃之一件大事，其決然下此英斷，全為國家之利益，由昆明消息觀之，當能順利執行也。上午檢點舊日卷篋，並接晤戚友數人，此外未作他事。得傅孟真一函，閱之深為感動，擬作一長函覆之，未果也。芷町今日未來談，想見其忙碌殊甚。午餐後小睡一小時餘即起。希聖將雙十廣播詞稿擬就送來，覺其文字頗有組織，惜氣機不甚暢旺，余亦在病中，只能略為修改補充。為文全賴精神與氣勢，此次病後，體力、心力皆未復原，故進行極緩慢。惟果來談一小時，覺其神經衰弱之症頗不輕，甚為可憂。夜佩秋來，九時將文稿改成。十一時就寢。

10月5日　星期五　陰、上午雨　六十四度

昨晚睡不佳，九時卅五分始起。聞委座今日十一時餘將歸渝，本擬往迎於機場，以在白市驛，又值天雨陰寒，恐車趕不上，乃中止焉。余之憚於行動，已成痼疾，甚可疚愧。作簽呈二件，為聖芬事及毓麟之事。毓麟以十時五十分來訪，談其個人出處，余對此君之不明世情，殊感駭怪，彼竟要求我簽請為某地副市長，正面拒卻之，實不可能也。午餐後小睡一小時起，校閱雙十文告之謄正稿。三時卅分偕允默赴老鷹岩，先與自誠及濟時兄談別後情形及本室結束諸事。六時往謁委座，報告本室結束情形

與人事安插及一週來所見聞，約三刻鐘而退。夜完全休息
閒談。十時卅分寢。

10月6日　星期六　上午晴、陰　六十四度

　　八時十五分起。昨晚睡眠充足，晨起陽光照耀，天
高氣爽，精神為之煥發。惜十時以後，又轉為陰沉，霧氣
籠罩。重慶之氣候真難得有暢晴之秋日也。今日為準備文
告，閱中國之命運五、六、七、八章，上午未作他事。到
蕭秘書處小坐，閱呈件十餘件，滇局似未大定也。午餐後
小睡，約兩小時起。委座初時約四時往見，嗣以事冗，約
改日再往談，想見其正在研究雙十文告也。傍晚蕭秘書來
談，為轉呈請出國研究之件。夜寫信三緘，與默君等閒談
往事。今日休息時間較多，心思亦尚閒定，惟閱報後，則
多增感觸耳。十時文告核定發下。十一時寢。

10月7日　星期日　陰、向午晴、下午雨　六十六度

　　八時起。昨晚委座交下雙十節廣播詞稿，謂此文殊
缺少精神，且語句有生硬不純熟之處，就文稿上標出，命
余再加修正。余當時為希聖潤色原稿時，實亦發現其文化
建設一節，用語措詞極不自然，但病中腦力未復，亦未多
加改削，今晨重閱之，乃愈覺改易字句之難，較之重寫為
尤甚。自九時著手（中間自誠來訪談卅分鐘而去），至
十二時僅改成三分之二，仍自覺草率而未盡愜意，姑以改
正部分交省吾校繕之。十二時三刻疲極小睡，乃神經緊

張，不能成眠。三時強起，勉力撐持，將全稿改成，並照委座之意重加一段。既畢讀之，則重寫之部份暢達多矣。六時繕正呈核。閱本日各報，龍志舟已來渝。七時晚餐，今日用腦過度，甚疲乏。十時卅分寢。

10月8日　星期一　晴　六十八度

晨七時即醒，八時起（昨晚十時卅分已就寢矣，而委座將文稿重核發下，專人送來，乃起而閱之。以須修改處太多，遂置之而再睡。因此睡眠不暢，終宵多夢，今晨起床時猶覺矇矓也）。閱委座交下之稿件及曹翼遠君所擬之件，覺曹君之文字頗可訓練，惜其病在冗長，與我正相似耳。遵委座批諭，又將原稿重行補改一次，費時三小時，實屬疲甚，只能草率成之矣。十二時午餐，餐畢，小睡至一時三刻起，將文稿摘要，以備譯為英文之用。三時命陶副官以改正稿送曾家岩，余則續作摘要，至五時卅分完畢。往訪馮副侍衛長，散步一刻鐘而歸。閱委座交辦之申報件，又閱辭修來電。夜複改文稿，略加節短，至一時始就寢。

10月9日　星期二　晴　六十八度

昨晚入睡已在二時以後，今晨又早醒，再睡至九時許始起。因文稿或尚須斟酌，故仍留山洞半日。十時謁委座於二號別墅之走廊上（面臨魚池，景物極幽美）。委座近日事繁，而處理不紊，其作息有節，最可效法。侍坐約

十五分鐘而歸。到省吾處督視其繕正文稿。午餐後小睡
起，與義宣等接洽後，偕允默歸渝，順至高灘岩一視皋兒
之新房與禮堂。至陳院長處小坐，而歸美專街，到達時已
三時餘矣。準備皋兒明日婚禮事。夜自誠來談，發表委座
國慶廣播詞。芷町來談甚久，又與祖望等談話，至十二時
就寢。

10 月 10 日　星期三　晴　七十四度

七時五十分起。今日為抗戰勝利後第一次之國慶，
而在余家庭亦為一可慶之紀念日，蓋皋兒於今日與邱永超
女士（資中籍）成婚也。余不欲驚動戚友，故事前均不發
觀禮之請柬，又以男女雙方均在中央醫院服務，乃假中央
醫院為禮堂，以渝市亦無簡樸合宜之禮堂也。為籌備婚禮
儀典及招待親友，遂不及參加國府之典禮，閱報載，國府
授勳名單，余亦奉頒勝利勳章。回溯八年經歷，不勝感慨
繫之。上午諸親友及家人如辟塵、昌扈夫婦與學緯、永
締、俞欽等均來美專校街寓，而女客亦有臨時而來者。幸
侍從室派大、小車各一輛接送，故得陸續前往，不至過於
擁擠。午餐畢，託四弟、八弟往接邱氏叔親翁（名澤英、
字白華），逕送高灘岩中央醫院禮堂，余亦於二時一刻與
余婦同往。三時二十分行禮，臨時來道賀者有驪先、新
之、佩箴、公展、任滄諸君，公展夫人亦來觀禮，兩家恭
請金署長楚珍證婚，劉效曾校長介紹，行禮時公展、芷町
兩兄致賀詞，四時禮成，與諸賓客周旋，至五時卅分，余

乃偕芷町等先歸（今夜在院內設喜筵十席，即由新夫婦作
主人）。芷町留談至七時後始去。七時卅分晚餐畢，與毓
麟夫人及旦文姨氏談話。以疲甚，十時即就寢。

10月11日　星期四　晴　七十六度

八時卅分起。今日為皋兒婚事，宴請新親並家宴紀
念。故停止辦公一天。十時以車接皋兒及永超來美專街，
舉行祭祖及進見尊長之禮。中午十二時卅分宴邱氏叔親翁
澤英（字白華），並約德哥、實之弟、威博、永締、俞
欽、孟海、芷町、祖望、四弟、八弟及女賓旦姨、邵孫朔
寧、童葉毓芬等會餐。設兩席，子女等均作陪。邱叔親翁
飲量甚豪，芷町等勸酒極殷，賓主盡歡，直至二時三刻方
畢宴。余以前日受熱後受涼，致患咳嗽頗劇。客退後休息
一小時，又與諸親友再談，至五時始散。皋兒攜新婦永超
來謁，勉以和諧同心，克勤克儉。新婦甚天真活潑。夜與
諸兒女談。十時卅分寢。

10月12日　星期五　陰　七十二度

九時許始起。皋兒新夫婦已往南溫泉矣。余此次在
病假中為皋兒完婚，賴諸友人幫助，亦完遂一種大事。然
兩日來應接禮儀亦頗感疲憊也。中共談商之紀要，今日發
表於報端。中央日報所著之論，殊不得體。向午蕭生自誠
來談，為辦理出國考察研究之請費件（計美金一萬六千
元，國幣五萬八千元，即以原報告批件送公費股發）等手

續。又致陳局長芷町一函，告以蕭秘書業務由曹聖芬接
充。午餐後再與蕭秘書續談，備致勖勉，並告以對曹聖芬
應詳切指導，俾能接得上業務。蕭去後，小睡一小時餘。
今以咳嗽未止，但已略瘥矣。傍晚五時，請吳國楨、許孝
炎兩君來談，商申、新兩報之管理出版等事，約卅分鐘而
去。夜接委座電話，對中央日報有所指示，以電話與健中
談卅分鐘。十時後芷町來談，直至十二時始寢。

10 月 13 日　星期六　陰　六十八度

九時後始起。以連日遲睡，故晨間晏起成習，實亦
精神不佳之徵也。閱本日報紙。作函數緘。叔諒來談教育
復員問題，聽之殊感心煩。為竺校長致顧墨三長官函。今
日咳嗽已略止，仍服藥，並休息。午餐後小睡，略閱積存
之書函。中央日報代總編輯羅保吾君來談卅分鐘去。國防
會秦振夫組長來談，約三刻鐘。傍晚希聖自南岸來，談外
交及宣傳，約一小時。經此三度談話，而余乃感覺勞疲。
精神如此不濟，為之奈何。夜皋兒新夫婦游南溫泉歸，來
寓一宿。九時三刻後芷町來談，至十一時後始去。十一時
三刻睡。

10 月 14 日　星期日　陰　六十六度

九時起。今日氣候陰鬱，似已入霧季者，然余身體
突感疲乏，竟日覺骨節及肌肉疼痛。往年惟隆冬始有此
象，而今年則提早發現，服藥亦無效，可見體力之衰也。

與家人等籌劃此後生計，不僅無片椽尺地足以在外棲旅，
而以幣值降落之故，亦略無餘儲，足以坐食三個月。年力
漸衰，乃感如此嚴重之經濟壓迫，洵乎愚忠直道，難以行
於今日之世也。今日除披閱公私函件外，未作他事。上午
徐曼署兄來談，午餐後去。下午力子先生來談政治協商會
議等事，甚感中樞諸事自茲日益叢脞矣。傍晚芷町來談一
小時去。夜俞欽侄來談（彼明日歸滬）。十時卅分就寢。

10月15日　星期一　陰、夜雨　六十八度

八時卅分起。到國府出席紀念週，諸友見之，均向
余慰問病狀，蓋余已七週不參加典禮矣。今日龍志舟院長
（軍事參議院）宣誓就職。禮成後，出席第十二次中央常
會。丁先生主席，王雪艇兄報告倫敦外長會議之經過，繼
討論各案，深感黨政諸務脫節者日多。至十一時後，余忽
覺週身疼痛之疾又作，實不能支坐，乃先退回寓，只得就
床小憩。一時起，略進食，作函三緘。三時後再睡至五時
始起。疲軟無力，知健康未復也。夜為皓兒事致廷黻兄一
函。十一時寢。

10月16日　星期二　陰雨、下午晴、夜雨　六十八度

昨晚失眠甚劇，近日夢中往往反應繁複之文件，睡
眠減少，昨晚更甚。九時許強起，精神極不佳，週身作劇
痛，不能支坐。蓋如此病症，已三日於茲，頗疑為重慶熱
之現象，然幸無熱度。十時卅分再就睡，一時起，乃覺精

神稍好。閱公私函札若干件，重行整理鐵箱內之文件夾，翻閱許久，徒覺心煩。黃造雄君來訪，姑為致電於錢市長，請酌為任使。傍晚何思源同志來訪，談約一小時而去。晚餐後實之來談甚久。佩秋來談，多牢騷抑鬱之語，聽之殊為不怡。重閱外交件舊卷。十一時寢。

10 月 17 日　星期三　陰雨、下午晴　六十七度

晨九時許始起。今日精神尚佳，心神亦較寧貼。整理積件，作函二緘。十時滄波來談。彼於本月下旬擬東下，就江蘇監察使之職。十一時中宣部吳部長國楨、許副部長及公展兄來余寓，共商申報新聞報管理辦法，遵委座十月八日之批示，擬定要點，十二時卅分始散。午後小睡至三時起。作簽呈一件。接山洞電話，委座約談。四時卅分乃偕旦姨、允默挈樂兒回林園山寓。五時廿分入謁委座，鐵城、仙槎、果夫、李叔明均在座。鐵城等報告後先行，果夫、叔明留談農行事。六時卅分辭出。果夫到余寓小坐，七時後始去。夜無事，與家人談話。十時卅分寢。

10 月 18 日　星期四　晴、下午陰　六十八度

昨晚睡不甚佳，但今日精神尚好，八時起。略進早餐，閱本日報紙。山中閒靜，而氣候清淑，與渝市不相同矣。十時委座約往新一號別邸，坐走廊上談話。面陳商擬管理申、新兩報辦法之內容，奉批諭照辦。又報告數事，並述近日身體狀況，隨委座步行林園一週，至官邸後即回

寓。十二時蔣夫人以電話商題羅斯福紀念冊事，午餐後蔣夫人以箋紙送來，囑代題「匹夫而為百世師，一言而為天下法」二語，以紀念羅故總統。此為委座與夫人酌定之語，以之頌贊羅氏，似亦頗適合也。三時後小憩，為時過久，略覺心繁。五時卅分起，到舍外散步半小時而歸。六時卅分晚餐，與芷町通電話。夜讀古文，心境曠適，十時就寢。

10月19日　星期五　晴　六十八度

九時起。十時委座約往第二號別邸談話，詢余身體近況，謂應減少安眠劑，最少屏絕勿再服用；對於工作，應使心神寧貼，如覺疲勞時，則應再延長休息時間；總以身體完全復原為第一義也。又承垂詢數事，並報告若干事，在陽光下散步約卅分鐘而歸寓。收拾各件，十一時回渝。途中和風煦拂，氣候清佳，精神甚感怡爽也。到美專街寓已十一時十分。閱近兩三日內之函件，並剪貼報紙材料。今日民主同盟發表其代表大會之宣言，揭櫫主張十項，多與中共相策應之語。十二時午餐，餐畢，亮疇先生過訪，談還都及國防會秘書廳等事，約卅分鐘，並囑余應保養身體。一時芷町來談，接洽公事數件。知其工作日繁，深堪同情。二時卅分後小睡，至四時十分起。五時卅分再回山洞，應委座官邸之宴。以明日為九月十五，乃委座之壽辰，夫人乃約集賓僚以預祝之也。七時卅分鐵城、力子、立夫、達詮、岳軍、雪艇均集，岳軍、達詮先報告

關於政治協商會議問題甚久。八時卅分入席，鐵城領導舉杯，為總裁壽。九時卅分餐畢，蔣夫人約往談，對余多所勸慰。仍下樓聽諸人報告，直至十時三刻始散回寓。飲紅酒兩杯。十一時卅分就寢。

10月20日　星期六　晴　七十度

七時卅分醒（昨晚思戒除安眠藥，以酒代之，孰意毫無效果，至二時餘猶未合眼，仍服Amyt二丸，漸矇矓入睡，然今晨醒特早，覺頭痛無力又強睡），九時卅分起。略進食物少許，記昨日日記後，十一時許再就睡，十二時卅分起。為俞侍衛長作致張凌高校長函。今日委座以飛機至瀘洲巡視。三時後徐錫鬯侄來訪，余偃臥休息，未接見也。今日神思又繁亂異常。傍晚偕默外出散步，至花邱灣遊覽。風物清嘉，心胸為之一曠。夜與旦文姨氏及允默等出外，到三號小別邸走廊上玩月。月光皎潔可愛。九時歸，十時卅分寢。

10月21日　星期日　晴　七十度

八時卅分起。早餐後剪貼報件，十時由老鷹岩動身，十時卅分抵美專街。祖望以積日之函件來，送余核閱。聞黨部呈送公文，不經政務局之件，已奉核閱批定。以彥棻、實之為黨務秘書，此後軌轍必更亂矣。十一時約公展、滄波來談。滄波擬即去滬，公展稍緩再行。與公展商特種宣傳之件甚久。兩君均於十二時卅分辭去。午餐後

實之來談甚久。余今日心神精力均較昨日為差，小睡兩次，至四時始起。閱連日之公私函件，頗悵悵於懷。又閱明日國防會之議案，更感今日事項之紛繁矣。皋兒來談卅分鐘，此次婚事用費約在八十萬元以上，殊覺太費也。五時卅分乃建兄來詳談各事，約一小時而去。晚餐時明鎬為八弟做生日。餐畢，乃建送來湖蟹六個，見之大喜，即烹羹與四、八弟同食。兄弟談話至十一時寢。

10月22日　星期一　晴、夜雨　七十二度

　　七時四十分起。作函三緘，又為教專會事致彭鎮寰兄函一緘。閱公私函電一疊，今日未出席紀念週。九時卅分到國府出席國防會一七四次常會，通過國府文官、參軍兩處修正組織條例，又討論國民大會案，交付審查，十二時十五分畢。今日念精神有恢復之象，開會亦不覺疲倦。午後小睡一小時餘而起。實之弟來談，文官處將不辦黨務文件，以彥棻、實之為黨務秘書。四時楊玉清君來談三民主義半月刊事，約一小時而去。七時晚餐，僅余及四弟、八弟、九妹三人，甚覺寂寞。夜與八弟談話。九時卅分芷町來談政務局各事，及彼自身之行止，十一時始去。讀中庸及易解，十二時就寢。

10月23日　星期二　陰　六十八度

　　八時卅分起。今日精神亦尚佳。上午閱報作函，不感疲倦。與岳軍通電話，知續與中共商談無進展，並知東

北接收尚有甚多之阻梗困難，聞之甚為不怡。林佛性君來
談憲草修改之意見約一小時。陳景韓先生之公子汝惟來
訪，徐柏園君亦來訪談，卅分鐘而去。午餐後小睡起，六
弟自南京來，與談別後情形約一小時。蕭化之、羅時實兩
君來，詳談甚久。對黨對國頗多杞憂。委座於二十日出巡
瀘縣、宜賓等處，今日始歸，下午五時到達，余未往迓
也。六弟自南京攜來螃蟹、黃魚等，今晚約孟海、芷町、
實之等痛飲。余飲酒三大杯，八年以來，無此情趣，頹然
醉矣。十時卅分寢。

10 月 24 日　星期三　陰雨　六十七度

八時一刻起。閱本日報紙，知行政院例會決定以翁
詠霓擔任全國性事業接收委員會委員，此舉甚為重要，惜
決定太遲耳。勝利以後，中樞諸事冗繁，每多脫節之處。
至今如不改正，國家損失實太大矣。果夫先生來談農行人
選及其他問題。午餐時僅余及六、八弟三人，甚感寂莫。
午後小睡，略感骨節酸痛，至三時始起。五時鄭彥棻君來
談中央秘書處事甚久。余今日精神仍佳，校閱段麟郊著作
一本。晚餐時再食湖蟹與黃魚。曹聖芬來談，卅分鐘而
去。夜實之來談甚久。鐵城糊塗，終必誤事。與六弟談京
滬情形。十二時寢。

10 月 25 日　星期四　陰　六十六度

八時卅分起。略患骨痛，但起床後即舒爽。近日心

神怡定，腦力亦有日漸恢復之象，殊自喜健康之增進也。
閱新華日報今日社評，劍拔弩張，其不惜破壞和平秩序，
情見乎辭矣。十時曾慕韓君（與劉東巖同來）來訪，已七
年不見矣。暢談別後諸事，兼論時局，似覺青年黨願為本
黨之友黨，其意尚誠。十一時卅分屬生來訪，談北方局勢
及內政部業務。一時午餐，餐畢以委座之召，即赴林園。
至則委座已休息，乃歸山寓小憩。與默君等閒談，皆以我
健康漸復為慶幸。五時卅分謁委座，奉答垂詢諸事，承交
下手撰之國歌稿，命余研究修改。晚餐食脫粿菜極美。夜
接委座電話，商宣傳事。十時就寢。

10月26日　星期五　陰　六十四度

　　八時卅分起。今日精神較遜，然較之前週仍為健爽
也。九時五十分往謁委座，承面諭宣傳之件，囑下山轉
達。又命擬致麥克阿瑟將軍函。十時卅分偕默挈樂兒下
山，十一時到達渝寓。閱本日新華日報，其宣傳之態更囂
張而惡劣，中共其終將出於武力叛國之一途歟？與皮參謀
通電話（適彼在山洞未歸）。又與岳軍及國楨在電話內接
談。一時午餐後，小睡至三時許起。公弼將赴東北，來辭
行，故午餐特遲也。下午出席教育專門委員會。沈昌煥君
來見，請示工作，為指示要點。夜實之來談甚久。與細兒
談話。十時卅分芷町來談，十一時十分去。與六弟談。
十二時寢。

10月27日　星期六　陰　六十四度

八時起。閱新華日報登載軍事消息，滿紙顛倒黑白，誣蔑中央，令人慨憤。然中樞猶以含忍出之，竊恐宣傳上將落人之後矣。乃建送來摘錄之材料，君章亦有摘記。十時出席農行三一九次常董會，此乃余出席中農常董會之第一次。十一時十分畢，與李叔明君談此後經營行務之要點。十二時歸午餐，餐畢小睡至二時卅分起。近日醒睡有節，不如夏秋間之矇矓痛苦矣。同鄉虞祥卿君夫婦來訪。次媳邱永超歸省。鄭延卓君來談卅分鐘去。傍晚冠青來談宣傳事，又實之來接洽文件。改擬致麥帥函稿一件。夜與明、樂、迪、約諸人市零食，談笑以自遣。十一時後六弟、八弟來談，望弟來談。至十二時寢。

10月28日　星期日　陰　六十四度

八時十五分起。今日星期，皋兒、憐兒均歸寓，子侄輩咸集，甚為熱鬧。十時薩本棟先生及吳正之校長來訪，談教育復員事甚久。薩君並有對於軍訓之建議，謂戰時學校紛立，大學學生驟然增加，師資缺乏，設備不良，明年暑假各校復員以後，一切均須整理，莫如乘明年學年結束時，對高中畢業生全國一律普遍辦理軍訓一年，即作為入伍一年。但教官最好聘請英美籍退役軍官，如此令全國高中學生受一年之完備軍事教育，於身心陶冶及缺點矯正必有裨益。此語甚有見地，暇時擬轉呈於委座焉。十一時公展來訪，談申報內部組織人選及特種會報與特種宣傳

之件。余以彼將去滬，詳詢其對於後方充實宣傳人選之意
見，談一小時餘始去。一時午餐，餐畢小睡。二時卅分
起，與憐兒等談話。剪貼報紙，搜集材料。四時以委座之
召，由渝動身回山洞，默君及九妹、憐、皋兩兒同行，四
時五十分到達。隨委座到山洞訪居先生之宅，祝其七十生
辰。居先生赴歇馬場，僅遇其幼女，應對有方，甚可愛。
隨委座回官邸，晤談約卅分鐘。委座謂余此後每日最好有
半小時之時間來山洞，報告商談一切，尤應注重於各方之
聯繫云。夜七時卅分官邸會餐，到亮疇、岳軍、子文、
健生、辭修、啟予、雪艇等，談對蘇外交，十時散。
十一時寢。

10月29日　星期一　陰晴　六十六度

七時五十分起。略進早餐，即自山洞動身歸渝。九
時出席國府紀念週，閻長官報告二戰區八年來抗戰經過。
十時禮成，接開第十三次中常會，報告時間甚長，各委發
言甚多，至十二時始開始討論議案。余與辭修先退席，至
委座官邸午餐。今日係宴請閻百川、龍志舟及其隨員朱綬
光、王均一、梁敦厚、繆雲台等軍政長官作陪，一時卅分
畢。分訪芷町、乃建均未遇，乃回寓休息。二時卅分起，
閱各報社論，並與徐部長次宸等在電話中洽事。夜整理藥
物。孟海、實之來談。芷町來談。十二時寢。

10月30日　星期二　雨　六十六度

八時十五分起。九時十分李伯豪君（新由粵主席調任三戰區副長官）來談，言將先去杭州一行，談卅分鐘辭去。閱各報評論，並剪貼報紙材料，上午便如此匆匆過去。近日精神已復，但今日又略感不適，想氣候變動所致也。午餐後小睡不及一小時即起。三時往李子壩訪龍志舟君，談卅分鐘辭出。繼至何總長公館訪閻百川先生，先與其政治部主任梁敦厚談話，繼謁閻先生，談約卅分鐘而歸。今日擬赴山洞未果。辟塵來談。夜公展來談。旋與希聖談甚久。十一時卅分寢。

10月31日　星期三　雨　六十四度

八時五十分起。近日臨起床時每患骨痛，因是又晏起成習矣。當漸漸改之。允默患耳炎，延陳醫官來診視，余本日似有服安眠藥過量之現象，頭腦昏暈而遲滯，請其注射PERCOTEN針及PERANDREN各一針。近日事較少，與公事接觸亦鮮，余又有意休息，故上午未作他事，僅閱報而已。下午擬去山洞，取數日來之函札，分別處理之。為漢口新快報題字，希聖所請也。又為秦炳洙君作函介紹於束士芳君（紡織業管理委員會委員），請接辦滬上敵紗廠之一部。十一時道藩兄來談，將赴滬上策動文化工作，暢述所志。余亦以理想中之工作商之。蓋深望中樞事歸簡單，還都以後擬專心於編纂事略之工作也。吳開先君來談，卅分鐘而去。一時午餐，餐畢睡稍久，至三時後始

起。致王冠青同志一函，又致許副部長孝炎函。五時後與
允默同車來山洞。今日依陽曆為委座生辰，夫人設酒相
慶，約諸賓僚歡聚。到者鐵城、達詮、岳軍、雪艇、辭
修、立夫諸人，八時開始宴會，余飲酒兩杯。餐畢侍談，
聽岳軍、雪艇等之報告，委座指示甚詳。十一時退，十一
時卅分寢。

11 月 1 日　星期四　陰、甚寒　六十一度

八時卅分起。覺昨晚睡極酣適也。早餐後思外出散步，而陰寒有雨意乃止。十時委座召往官邸談話，適雪艇亦在座，已而岳軍亦來。向委座報告關於恢復交通停止中共軍事衝突之要點，此係岳軍等所商擬提出，與周、王等會商者。委座研究而指示之。又談政治協商會議事，十一時卅分始散。余請示有事交辦否，委座約明日再談，遂歸寓午餐。餐畢，睡至三時許始起。近來心境澹定，不如半月前之憂思無端矣。讀大哥遺著詩詞，宛轉幽深，而不減其軼宕之氣概。嗚呼，今不可得再見而承教矣。出舍外散步一周，過周秘書處小坐，知蘇軍在東北態度稍佳。夜十時卅分寢。

11 月 2 日　星期五　陰　六十一度

昨夜已睡矣，十一時委員長以電話來，指示對二五減租應積極宣傳，因此直至十二時卅分後始入睡。今晨八時二十分起。九時往二號別邸訪閻百川先生（昨晚來謁委座，即留宿此間）談話，閻先生對改善民生、組訓民眾有詳盡之談話。十時許委座亦來，陪同早餐。餐畢，略談，至林故主席墓前，由閻先生主祭，余為讀祭文。祭畢，步行至官邸前，送閻先生上車後回寓。覺寒甚，亦疲甚，登牀小睡，至十二時十分起午餐，餐畢無事，又睡一小時餘，始覺精神清朗。意者昨晚服安眠藥太多之故歟？作函兩緘，致中宣部吳部長、行政院蔣秘書長。讀大哥詩詞集

自遣。今日陰沉，且委座似尚有所命，故不回渝也。夜閱
受降以來之紀錄材料。十一時寢。

11月3日　星期六　晴　六十度

八時起。昨晚睡眠尚酣，晨興後作函數緘，與滬上
諸友通問。十時委座約往談話，報告近狀及接洽宣傳等
事。十時卅分偕允默回渝。十一時到達美專街寓。王冠青
君來談，約一小時去。午餐後小睡一小時餘起。滬市府秘
書長沈士華君攜錢慕尹函來談，商滬市參議員事。五時到
臨江路留德同學會，赴曹聖芬君之宴。聖芬今日與熊文黛
女士訂婚，宴請親友，前侍從室諸同人到者甚多，紛紛勸
酒，余為之盡醉。九時歸，實之來談。十一時卅分寢。

11月4日　星期日　晴、下午陰　六十三度　理髮

八時卅分起。昨晚服藥量稍減，輾轉殊未成眠，今
晨起後，又覺精神略遜矣。閱各報，中共之反噬愈烈，必
欲破壞抗戰所得之成果，誠不知其何心。本黨為國負責，
乃不得不百端忍讓，在宣傳方面殊覺落人之後。民視愈
淆，異論益沸，為之杞憂。十一時覺頭暈，又作休憩，已
而強起午餐。餐畢又略睡，仍未熟。陳醫官來，為我打
針。呼匠理髮。傍晚閱函件及參考件，為秀民書紀念冊一
幀，錄恆卦之象詞貽之，寄余期望之意也。夜無心作事，
讀大哥文集，與六弟、四弟談話。十一時寢。

11 月 5 日　星期一　陰　六十四度

八時起。昨晚睡殊佳，今日精神轉暢。九時出席紀念週，蔣署長報告善後救濟總會開會及現時運輸中救濟物資分配之規畫。九時卅分畢，禮成。謁委座報告立法院某種條例。十時舉行國防最高委員會第一七五次常會，討論二五減租等辦法及國大事務所組織條例。並議決明年五月五日召集國民大會，預定十一月十二日下召集令，十二時散會歸。再謁委座報告會議情形。午餐餐畢，小睡極酣適，三時起。朱經農君來談，教費困難及臨時大學必須設置事。李超英君來談處務甚久。夜廣陞來晚餐，餐畢與六弟等談話。十一時寢。

11 月 6 日　星期二　陰　六十七度

八時二十分起。九時卅分往訪閻百川先生，談其在晉西所行之兵農合一制度。閻氏以為實行三民主義，舍此辦法莫屬。余提出質疑五、六點，閻氏為我解釋，然余意終以為未能推行於全國也。十二時十分歸午餐，餐畢小睡，不及一小時起。王中惠親翁來談，約三刻鐘去。三時五十分張道藩兄來談。旋潘公展兄來商申報事。陳伯莊、徐道鄰先後來訪。道鄰忽動念於近日控訴殺其父（樹錚）之仇人，二十年前之舊事重提，甚令人不可解，余不欲直斥其非，但婉諷之而已。夜老友威博來訪，四弟治饌餉之，談笑甚懽洽。彼自七七起，即蓄鬚，今晚余等慫恿其薙去之。十時卅分希聖來談。十一時接委座電話。

190　陳布雷從政日記（1945）
The Official Diaries of Chen Pu-lei, 1945

二時寢。

11月7日　星期三　上午晴、下午陰　六十四度

　　昨晚以就睡太遲（因寫信數緘至一時後始睡），遂至失眠，今晨又早醒，心神煩躁，為兩星期來所未有。八時卅分起，續作函札數緘。以委座召赴山洞，約四弟、望弟囑事畢，十時十五分偕默動身回老鷹岩。十二時卅分往謁委座，送呈事略二十二年第七、八、九三冊（五月下旬、六月全月），並奉交下第五、六兩冊，命將其中講詞複閱後付印單行本。今日委座似極心繁，然仍照常批閱公牘也。回寓進午餐後，小睡未熟。吳麟孫醫官來訪，談三時後，服安眠藥一片再睡。至五時卅分起，精神乃始恢復。甚矣，睡眠之重要也。七時晚餐，燈下校閱講詞六篇。十時卅分就寢。

11月8日　星期四　雷雨　六十四度　今日立冬

　　八時卅分起。昨晚睡眠稍佳，但晨醒太早耳。繼續校閱事略，十時委座約往談話，交下勉廬先生所著年譜，自十八歲至二十三歲，均有改正增補之處，又世系亦略有增補。委座謂當以此為準也，命余保存之。尚有同樣改正之一篋，存黃山雲岫樓。略談即歸寓。詳讀其增補之各卷。十二時到官邸會談，到子文、達詮、健生、岳軍、雪艇、啟予及余七人。近日中共叛亂之跡益張，新華日報本日載共軍對美軍之抗議等文件，以大字標題全幅登載，且

肆口詆譭中央，略無諱飾。該黨之態度，蓋已恢復至朱德
發表狂妄電報時之故態，而一面又揚言延安覆電已到，要
約繼續商談。岳軍等與之約定，本日下午續談，其徒資宣
傳，決無成就，可以斷言。同時蘇聯對我運兵至東北接
收，其態度亦忽弛忽張，背盟爽諾，毫無信義可言。故委
座盱衡大勢，今日特有重要之指示，其大意略謂：

（一）蘇方之心事已昭然若揭，我方不宜中其誘約之
　　　計（蘇方表示：空運部隊可以著陸，東北境內即
　　　美空軍空中人員亦可開入，惟地面部隊除外）；

（二）與其貿然空運軍隊臨時發生糾紛，不如事先
　　　決策；

（三）我方決將行營自長春撤至榆關，然應聲明不放
　　　棄東北；

（四）應不讓蘇聯脫卸其責任與條約義務；

（五）不可因東三省之牽制而使本部無辦法，不可舍
　　　近而圖遠；

（六）受降工作必須貫澈，紀綱必須確立，叛變必予
　　　剷除，此時必須下大決心云云。

　　諸人約略貢獻意見，獨雪艇主張應慎重考慮。最後
決定，先電召天翼來渝。二時會談畢回寓午睡，以有電話
數次，致未成睡。念國家憂患日深矣，為之感喟不置。夜
至官邸晚餐，九時卅分歸。十一時卅分寢。

11月9日　星期五　陰晴　六十四度

八時卅分起。約曹聖芬秘書來談，以委座所交事略及擬將講詞選印單行本之事告之。周宏濤秘書來談，近日公事壅積，無法呈上，又談他事後辭去。十時卅分由山洞動身回渝，十一時十分到達。閱急要之函件數件，並準備六弟去滬之事。午餐後小睡起，招孫兆梅來，以二十二年事略第五、六冊面交之。又陸續作致滬上各親友函五、六緘，覆錢市長一電。葛武棨君來訪，未遑延見也。六弟明日將赴滬就申報事。續致展滄一函，夜四弟治饌餞六弟行。九時後實之來談。旋芷町來談政務局諸事，有求去之意，與六弟等談至十二時寢。

11月10日　星期六　陰、夜大雷雨　六十五度

八時卅分起。昨晚睡尚酣適，但仍中宵屢醒耳。閱亮疇先生送來之「蘇聯之今日與將來」，係英國議員訪蘇團金浩爾KINGHALL所著，王之珍君譯，全文約九千字，擬送呈委座備閱。今日掃蕩、中央兩報之論文均不弱，殊屬可喜。然中共之工具叫囂已甚矣。十時八弟回來，知六弟已起飛，今日先到京，再轉滬上也。十時卅分王冠青君來談宣傳要旨，並出示其講演稿。余覺冠青日有進步，惜尚未能深刻用思耳。談約一小時始去。午餐後又續閱文件，小睡至二時起。請陳醫官來打針。與四弟談教育文化，閱二十二年事略第一冊改正稿。傍晚吳祖楠君來見。五時委座約見王宇高，交下明儒學案類抄，即命王君

重編之。孟海來談，與之商量文字。晚餐後雷雨（中夜雷
聲甚大），無心作事，以迪侄之自動聽音器聽音樂，讀書
洗澡，十一時寢。

11 月 11 日　星期日　陰　六十六度

七時五十分起。昨晚睡尚酣暢，以沐浴及服藥兩重
關係之故也。今晨遍讀各報，英美與蘇聯關係仍在微妙而
緊張之狀態中。我國中共氣勢更張，攻勢宣傳實屬不可再
緩。上午研究對案甚久，對其癥結已有充分計慮，惟對案
不易得耳。何永咭囑潘大雄君（中政校畢業，外交部服
務）來訪，與談久之。何君送來一文，余殊未能贊同。書
生迂濶之見，徒長反動者之氣焰，與潘君痛切言之。午餐
後小睡起，閱重編明儒學案。實之來談久之。夜又食螃
蟹，係謝蘅牕君送來，飲酒兩次，甚痛快。與希聖詳談。
芷町來談。至十一時卅分寢。

11 月 12 日　星期一　陰晴　六十六度

八時十五分起。今日為總理八十誕辰紀念，與紀念
週合併舉行。九時到國府參加典禮，到者甚為踴躍，大禮
堂席次坐滿，幾無虛席。溥泉先生作報告詞，語意誠摯，
歷四十分鐘而畢。與岳軍、力子談話後，十一時許回寓。
鄭彥棻君來談約四十分鐘。委座約往曾家岩官邸，面論對
宣傳工作應多多負責聯繫與督促，並面交手諭兩紙。余觀
委座今日似有憂勞過甚之狀，奉命之事，明知非力量所

勝，亦不敢辭。十二時卅分與岳軍同在官邸午餐，一時卅
分歸。小睡未熟，覺略有頭痛，休息至四時始起。考慮工
作要旨，未得結論。與四弟及皋兒談話。晚餐後約乃建來
談，以手諭交之。作函數緘。十一時寢。

11月13日　星期二　晴　六十六度

八時十分起。閱報後作函五緘，均為明日官邸會談
之事。旋奉諭展期舉行，又分別通知之。十時約劉健羣兄
來談，推動團部宣傳工作，劉君並為余詳述青年團之現
況，談一小時餘始去。今日天時晴朗和暖，精神較昨日為
佳。午餐後小睡，至二時十分起。發上海錢市長轉杜月
笙，請協助平抑物價電（代委座擬稿）。又發致公展、驪
先各一電。五時到牛角沱訪熊天翼，談東北近狀。旋健生
總長及李鶴齡亦來談。七時歸，晚餐後，芷町、實之來
談。十一時卅分寢。

11月14日　星期三　陰晴　六十七度

八時十分起。九時馬星樵市長來談南京情形，約卅
分鐘，即以賃屋之事面託之。九時卅分到中央黨部參加第
十四次中常會，議程甚簡單，不及一小時即完畢。十一
時歸寓，徐佛觀同志來談宣傳及彼之工作等事。十二時
去。午餐後小睡不能熟，昨晚睡亦不佳，因之精神甚見
疲頓，而週身骨痛之患又作。三時卅分約陳醫官來注射
Perandren 及 Percoten 各一針。希聖兄來談內外局勢之推

測，分析入微，談一小時餘而去。呈報告二件，作函四
緘。夜乃建來談甚久。十時五十分寢。

11 月 15 日　星期四　陰晴　六十七度

八時卅分起。今晨醒特早，而矇矓不欲遽起。幸筋
骨酸痛之患已略減矣。閱數日來之文件，作函三緘。十一
時張劍峯君來談，至午始去。余勸其致力文字工作，而彼
重在以事功表現，恐格格不相入也。午餐後小睡至二時卅
分起。秦振夫組長來談。閱本日報紙，兼考慮宣傳方略。
與鐵城通電話，知孫哲生已回渝矣。傍晚曾資生秘書來
談，書生也，居然作酬應客套語，殊為可異。晚餐後接委
座電話，約明日去山洞。九時王芸生君來談兩小時。十一
時就寢。

11 月 16 日　星期五　陰晴　六十七度

七時五十分起。早餐後，八時卅分動身赴老鷹岩林
園官邸，與岳軍、鐵城、天翼、辭修等同謁委座，談近日
時局。孫院長哲生自南京回渝，委座命天翼將東北接收之
困難向彼報告，並囑余同往。十時卅分與天翼同車返渝，
即往見孫院長，聆其對於中蘇關係之意見及對中共事件之
觀察。孫以為應在政治上放鬆，乃能緩和國外也。談至
十二時歸。與于院長通電話。午餐後小睡至二時卅分起。
閱今日各報及整軍會議之報告案，研究時局，並指示各報
登載新聞應注意之點。四弟來談甚久，彼不久擬東歸一視

家人也。八時到官邸，謁委座報告。今晚約各院長（居、
戴未到）談商時局，我長春行營明日開始移撤。十時卅分
歸，十二時寢。

11月17日　星期六　陰　六十六度

九時始起。昨晚入睡太遲，甚感疲倦也。上午除閱
報以外，未作他事。世界日報有超越現實需要之言論紀
載，囑直陳糾正之。約孫兆梅來，以二十二年事略第一冊
交之（茲僅餘七、八、九三冊在委座處）。午餐後小睡，
至二時卅分起。中央日報羅保吾君來談編輯方針，余告以
材料去取與標題撰製，應運用常識，考驗後果，特加注
意。冠青來未晤談。旋沈敬仲君（皖涇縣人，復性書院監
院）來談復性書院刻書編書之計劃。傍晚雷法章次長來談
赴外蒙視察公民投票經過。與吳國楨部長兩次通電話。聖
芬來談。夜與芷町談話至十時。改講稿一篇，發函二緘。
十二時卅分寢。

11月18日　星期日　晴陰　六十七度

八時五十分起。閱報並作函數緘。十時到官邸參加
會談，聽取雪艇、天翼、經國諸君之報告，知東北行營撤
移至山海關一事，蘇方已有覆照，表示蘇軍可展緩一、二
個月撤完。達詮、岳軍、雪艇等均有意見貢獻。委座指
示，對蘇聯應再去照會，而行營未撤之人員，則在此四日
內暫緩運送入關。十二時散，回寓午餐。皋兒夫婦歸省，

皓亦在寓，甚熱鬧。午餐畢，小睡至三時許起。四時胡政
之君來訪，談在美觀感及對國內時局之觀察，至五時卅分
始去。六時卅分晚餐畢，往訪季陶，九時歸。與八弟談
話，彼明日赴昆明。又與憐兒談話，十二時歸。

11 月 19 日　星期一　陰、下午雨　六十六度

昨晚睡極不佳（可知 SOMNIOL 太差），今五時卅
分即醒，但疲甚而心繁，至八時四十分始起。八弟已赴機
場矣。今日紀念週，以疲甚不出席。九時卅分到國府，十
時出席國防最高委員會一七六次常會。事前與果夫、力
子、君佩談話，並與洪次長蘭友談話。今日會議，報告與
說明佔時甚多，而討論則甚簡，散會已十二時矣。余覺頭
部眩暈，知睡眠不足，不能作事，不得已蒙被偃臥，至三
時起。任卓宣來談一小時餘。鄭震宇、胡健中來談約二小
時。晚餐後李叔明來談農行事，以港收據交之。客去後，
改閉幕詞一篇。十一時寢。

11 月 20 日　星期二　陰雨　六十四度

八時五十分起。昨日見客談話太多，今日頗感疲
倦。委座命接洽宣傳業務，余殊不能作有效之策動也。報
載陪都各界反對內戰聯合會宣言，完全為共黨張目，是非
顛倒，可為憤慨。冠青來談如何聯絡文化界有所表示。
十一時竺藕舫君來談到京滬杭視察之情形，並談浙大復員
事。午餐後小睡一小時餘。考慮對時局發展中之對策及準

備。傍晚屬生兄來談平津情形。劉季生君來訪談此次赴京
之經過。六時應孫院長約，前往晚餐。到亮、雪、岳、
翼、鐵、詮、力子等，談中蘇關係及政治協商會議問題，
哲生先生主親蘇最力。十時卅分歸，與元靖通電話。十二
時寢。

11月21日　星期三　晴　六十二度

八時卅分起。昨晚睡眠尚適，各種安眠劑中，當以
Ipral C. 為最平穩矣。作致季陶先生函一緘，附去委座自
撰之五箴，又致屬生一函，備述敬慕鼓勵之意。今後時局
彌艱，此等同志必須更密切提攜也。延陳廣煜醫官來打
針。唐薰南（鴻烈）君來訪，談約一小時。正午朱經農君
來談應付學潮事，今日與健羣等會議，略有結果云。一時
午餐，餐畢小睡，至三時卅分起。閱本日各報，見掃蕩報
論文篇幅太長，內容轉不如以前精彩。文字宣傳之才亦殊
不易得也。四時卅分吳紹澍君來談。五時卅分吳任滄君來
談中美日報事，六時十分始去。晚餐後與三兒談話，無心
作事。十時後芷町夫婦來訪，十一時去。即寢。

錄委座自撰之五箴

此係今夏手撰請吳稚暉先生書為楹幅

一、養天自樂箴

　　淡泊沖漠。鳶飛魚躍。無聲無臭。不慮不學。

　　優游涵泳。活活潑潑。勿忘勿助。時時體察。

二、知天自得箴

　　乾陽坤陰。分殊理一。自不容已。生生不息。

　　數往者順。知來者逆。物我一體。認觀太極。

三、畏天自修箴

　　不睹不聞。慎獨誠意。戰戰兢兢。莫現莫顯。

　　研幾窮理。體仁集義。自反自約。克己復禮。

四、事天自強箴

　　中和位育。主宰虛靈。存心養性。盡性知命。

　　天地合德。日月合明。主敬立極。克念作聖。

五、希天自復箴

　　莫為莫致。當下受用。常修常止。無靜無動。

　　艮背歸宿。過化存仁。反躬而復。允執厥中。

11 月 22 日　星期四　晴陰　六十四度

　　八時卅分起。今日精神稍佳，似昨晚睡眠暢適之效也。作函四、五緘，發公展長電一通。十一時卅分希聖來談。十二時偕至官邸參加會談。到吳秘書長、青年團劉健羣、倪文亞、王次青、程思遠及國楨、彥棻、雪艇、岳軍、經國諸人，報告近日情況，並交換意見。委座於午餐時即席指示當前宣傳工作之重要，命余主持宣傳之指導聯繫等事宜。囑每日約彥棻、國楨、健羣、王次青及唐縱、徐佛觀等諸人會談一次。此事甚繁重，又與聯秘處之職權交互錯綜，甚難處理。然余亦不便堅辭，只得先行承諾。餐畢，與乃建、佛觀等談話，二時始歸。小睡至四時許

起。靜思工作方法，殊不易得端緒。五時許孝炎君來談，明日將去北方，談一小時去。力子來談卅分鐘。晚餐後乃建來談甚久。心繁甚，十一時卅分寢。

11月23日　星期五　陰、下午小雨　六十二度

八時二十五分起。作函三緘，發滬電及拉薩電各一（一、促驄先早歸，二、詢宗濂近狀）。約君章來談，指示其工作要點。十一時陸京士來談滬上工運之概況。據彼所言，近來生產力已較前增加矣。昨日函約陳雲閣來談，今日未來，去函改約之。一時午餐自誠攜件來談，旋希聖兄來談宣傳業務。今日以事繁不及午睡。三時召集宣傳小組會議，到國楨、健羣、彥棻、次青、乃建、佛觀等六人，商談工作範圍，交換意見，約二小時。推定彥棻起草宣傳綱領。委座電話，約去山洞。六時與允默（今日患傷風）動身，七時到達。八時五十分謁委座，談一小時歸寓。十一時卅分寢。

11月24日　星期六　陰雨　六十四度

九時十五分始起。近日常患筋骨酸痛之疾，遇雨更甚，頗以為苦。早餐後為委座改擬黃膺白家傳題跋，即繕呈之。午餐後陰雨不止，意緒繁亂，小睡輾轉不能成眠，至四時餘始起。初以為委座今晚即回，擬暫留山洞，旋接電話，約會談，乃匆匆下山。六時十分到達，則敬之、天翼、雪艇諸君均已散矣。見委座後，往訪經國，詢會談內

容，知蘇方已有正式覆電：

> （一）說明瀋陽、長春機場使用無問題，地面工作我
>   方今後可參加，催我軍早日空運前往；
> （二）說明長春無共黨及共軍；
> （三）營口、葫蘆島方面蘇不能負協助之責；
> （四）蘇軍待談判就緒後再撤退云云。

又知彼方在長春向張公權亦有類似之表示。我決派
人往與馬拉諾斯基商談云云。回寓晚餐後，與雪艇、國
楨通電話。夜實之來長談，約二小時以上。十一時十五
分就寢。

11 月 25 日　星期日　晴　六十度

昨晚睡至一時醒而不寐，再服安眠劑良久始入睡。
今晨又早醒，而患骨痛，故又晏起也。接林園電話，今日
中午有會談，乃將預定召開之小組會議停開。十時作函數
緘，約祖望來談，指示其工作。十一時約世界日報陳雲閣
君來談，囑其言論上對外交應慎重發言，而對於特訊亦須
多加考慮。中政校教務主任張性齋來談。十二時偕聖芬同
至林園官邸，十二時卅分會餐，到子文、為章、天翼、至
柔、雪艇、經國等六人，商談對蘇聯昨日覆牒之應付方
策。委座有詳切之指示，二時始散。委座命留山洞一天。
歸寓後徐錫鬯姻姪來談彼將赴英國接收艦艇事。客去已將
三時矣。就牀小憩，至五時起。夜與家人談話。十時卅分
就寢。

11月26日　星期一　陰雨　六十度

昨晚雖服藥而失眠甚劇。計通宵僅睡四小時而已。晨醒約在六時以前，但疲甚不欲遽起，八時五十分始強起。盥洗畢即動身，抵渝已九時十分，乃先至美專街一轉，紀念週只得不參加。九時卅分到國府，十時十分舉行中常會國防會聯席會議，由熊主任、王部長報告東北情形，決議政治協商會議辦法草案及名單，又通過最高經濟委員會組織條例，至一時五十分始散會。即至官邸參加會餐，到何總長、徐、陳部長、林、劉次長及文官長、王部長、熊主任、蔣特派員等多人。會餐時，商討東北問題甚久。最後決定今日送出覆牒，三時五十分歸。疲甚小睡，至五時卅分起。改最高經濟會訓詞一件。夜食螃蟹。驪先來談甚久。與芷町談，十二時寢。

11月27日　星期二　晴　六十二度

八時三刻起。昨晚服藥較多，睡眠稍酣，僅三時、七時醒兩次，然起牀以後，精神殊覺飽滿也。閱本日報紙，並研究宣傳方策。十時卅分葉楚傖先生來訪，談卅分餘去。謝藹臏、戴耕莘兩君來訪，談鄱樂煤礦事及滬上情形。十二時青萍、武棨兩兄來談最高經濟委員會事及其他。一時午餐，餐畢小睡，至二時五十分起。三時召集宣傳小組會議。吳部長等全體參加，交換意見，相互討論，甚為熱烈，約三小時餘始散。六時五十分晚餐，餐畢與叔諒談話。閱政務局送來文件一件。補貼報紙材料。與祖望

談話。十二時就寢。

11月28日　星期三　雨　六十度

　　八時四十分起。聞昆明已發生學潮，聯大學生罷課，並通電要求美軍撤離中國。如此倒行逆施，直將為日寇所竊笑。今日政客競逐，叛徒叫囂，青年乃甘心為作工具，思之實可為國家前途寒心。為參加會報事，準備材料，即交繕寫。希聖來談宣傳方針。冠青來談一小時許而去，余詳加指示之。正午十二時到官邸，先謁見委座，報告宣傳小組一週來經過及中央黨部設黨政小組之主張。一時開始會報，到程總長、吳秘書長等十八人。委座詢問一切，辭修、健羣發言甚多，最後委座結論，囑注意防止學潮，並命余研議黨政小組會議之辦法。二時五十分歸寓小憩，心繁神疲，至五時始起。孟海來談。夜與祖望、叔諒談話。處理私人函件。芷町來談。十二時寢。

11月29日　星期四　雨　五十四度

　　八時四十分起。閱各報及參考消息後，約君章來談，指示其工作。美大使赫爾利前日辭職後，美方發表馬歇爾繼任。今日各報均有評論，似皆不弱也。十時卅分李超英君來談，為函介於宋院長，請在最高經濟委員會內羅致之。又作函數緘。午餐後小睡至二時起。實之來談。旋乃建、佛觀來談。三時召開宣傳小組會議第三次會，全體均出席，交換情報及意見後，吳部長先退，五時卅分散。

與乃建、佛觀續談至六時後始去。晚餐畢，驢先來長談二
小時。接委座手諭，囑將歷年告日本軍民書檢出印發。十
時芷町來談。十一時卅分寢。

11月30日　星期五　雨　五十度

　　九時起。閱報及參考消息，並閱第六組送來之資
料。十時卅分李立侯君來談新聞檢查所結束事宜。午餐時
希聖來，並與賀昌羣君同餐。餐畢，與希聖談話一小時。
小睡至三時許始起。周泫濤秘書來談，預測國府在下月內
將還都云云。四時卅分吳紹澍君來談。五時卅分齊鐵生君
來談。齊君談其赴東北及赴滬之經過甚詳，七時許始去。
余患咳嗽傷風已三日，今日稍劇，服藥止之。夜約祖望來
談東下準備各事。又與四弟談教育風氣，家務等。十二時
就寢。

12月1日　星期六　陰雨　五十度

晨九時許起。遍閱各報及參考消息後，致重慶新任市長張篤倫一函，賀其視事就任之喜。余患傷風已五日，今日似更劇，頭部劇痛，本擬參加中央政校校務委員會常會，以事未果。委座來電話，催詢關於中央黨政小組會議辦法草案，即為整理後繕呈。事畢，乃覺有發熱之現象，不能支坐，不得已蒙被而臥。然風寒感冒甚烈，頸項疼痛，有僂麻窒斯現象。既就憩後，乃無力再起。實之來視，就枕上與談。六時起，知昆明學潮擴大，夜與各方通電話。至十時卅分就寢。

12月2日　星期日　陰雨　五十二度

九時卅分起。皋兒夫婦與鎧兒回寓省親，皋兒為余診治頸項僂麻窒斯症，以止痛油膏敷擦，亦覺有效。十時卅分張伯常市長來訪，以眷屬寓渝各事託之。午餐後小睡，至二時起。乃建來談，知昆明學潮擴大。二時卅分舉行宣傳小組會議第四次會，決定發表昆明市學潮之新聞。四時卅分散會，與乃建略談。批閱近日函件，閱六組送來參考件，發致盧漢主席電，賀其就任新職。六時應雪艇之約，赴外交部晚餐。到亮、哲、詮、厲、辭修、鐵城、力子諸人，商中蘇外蒙各問題。十時卅分歸，起草告教育界書。一時就寢。

12月3日　星期一　陰雨　五十度

八時三刻起。複閱昨晚所擬之文稿，即交繕寫。今日紀念週未及參加。十時到國府，先偕驪先同謁委座，嗣出席一七八次國防常會。議案無多，約一小時即散會。與徐主任委員可亭同謁委座，商承下年度預算各事。十一時歸，延陳醫來注射藥針。閱今日各報及參訊，知雲南學潮漸擴大矣。午餐後小睡至二時卅分起。辟塵來談，為作函介紹於央行俞總裁，商請升為專員。五時谷正綱部長來談收復區工人情形，約一小時。六時毓麟來談，晚餐後去。立夫來談。十一時知昆市學潮有新發展，約國楨、驪先、乃建來商。一時卅分寢。

12月4日　星期二　晴　五十五度

九時四十分起。以昨晚就睡太遲也。閱今日各報，見新華日報對昆明學潮用大幅登載，竭盡其偽造煽惑之能事。中共之居心搗亂可一望而知。惜我黨政機關迄無緊密之配合耳。十一時徐道鄰君來談，言即將去滬上作律師。十二時往謁委座，報告昨晚所得之昆明消息，並有所請示，談十五分鐘即歸。十二時卅午餐畢，與希聖談話，研究學潮之對策。小睡至二時卅分起。三時舉行宣傳小組第五次會議，交換所得消息，知昆明今日已公開審訊投擲手溜彈事件，與國楨、驪先、健羣諸人商談，至五時卅分而散。閱張九如君之論文，頗嫌其有過火處。約望弟來談行動問題。八時到官邸，與黨團部諸人會餐。十時歸，屬生

來談。十一時修改致川參議會電。一時寢。

12月5日　星期三　晴　五十六度

九時四十五分起。以昨晚就睡過遲也。閱各報揭載昆明學潮，互有詳略。新華日報本日所載，全係空洞之材料，意料明日彼等將有擴大宣傳矣。與芷町兄談文官處各事及還都準備。十二時到官邸，參加黨政會報，到十五人，即席宣佈委座已核定之中央黨政小組會議辦法，商定以後行文手續。二時歸寓，小睡至四時許起。近日悵念公私，心緒甚為繁亂。晚餐時參加省吾之子再始之婚宴。九時許餐畢，均默來談新疆事。十一時後吳部長國楨及唐乃建同志來寓，研究中央社昆明電。一時卅分散，二時就寢。

12月6日　星期四　晴、下午陰　五十五度

九時五十分起。本日新華日報登載四日昆明審訊之供詞，竭盡挑撥能事，而我中央各報相形之下，殊覺太慎重矣。十一時徐公使叔謨偕隨員一人來訪，談國際形勢，約卅分鐘而去。十二時卅分到官邸會餐，到中央常委二十人。席間商談東北與外蒙問題。梁均默君報告新疆伊犁交涉經過。二時卅分散，回寓小睡，至四時許始起。乃建來，略談即去。辟塵來談，擬十二日東歸。與允默通電話。晚餐時食搶蟹。七時卅分聖芬偕周策縱君（國府編審擔任整理講稿紀錄）來訪，談十五分鐘去。九時往謁委

座，九時五十分歸。與國楨、乃建、驪先通電話，十一時
後撰擬致聯大等校代電稿。一時就寢。

12月7日　星期五　陰晴　五十二度

九時起。近日政院正在積極規劃還都事宜，此間各
機關職員均志在東下，工作不無影響，甚為可憂。九時
十五分委座約往談話，今日決派朱經農飛昆，倪文亞同
行，處理學潮，並令霍揆彰赴昆，囑關麟徵來渝報告委座
命改擬告昆明各校當局之代電，措詞務以和平嚴正為主，
攜回改寫，對措詞輕重極費斟酌。十二時卅分親自攜呈審
核，即派人至機場送出。正午委座宴客，到張國淦、孫丹
林，一部分金融界及杜斌丞、高桂滋等，亮、詮、鐵、雪
作陪，余亦同席。二時十分散。張國淦（乾若）先生謂欲
余傾談，乃偕之歸美專寓。張君飽經世故，關心國事，對
本黨頗有針砭之言，談一小時餘而去。小睡至五時始起。
再往謁委座，修改代電稿後即歸。委座明日去黃山休息二
天。余回寓後與各方通電話，知成都亦醞釀學潮。夜與
實之等談話。化之來談甚久。驪先來談一小時餘。十二
時卅分寢。

12月8日　星期六　晴　五十度

十時十五分始起。患咳嗽已旬日，迄今未癒，且有
頭痛，請吳醫打 Srams Pulmins 一針。上午閱各報，並與
委座通電話兩次。劉健羣電告昆市學潮消息，知十二月一

日之枝節，乃屬考慮不周，致中奸邪之計。簽呈委座兩
件。午餐時李伯豪主席來訪，未晤。餐畢小睡，至二時
起。二時召集宣傳小組會議，騮先亦來列席。四時會畢，
與雪艇電商對東北問題之宣傳尺度，又與岳軍通長途電
話，知昆市派人至蓉策動，明日成都不免有學潮。傍晚允
默自山洞來渝。夜道藩兄來談。閱文件，並作函電二件。
十二時寢。

12月9日　星期日　陰　四十七度

九時起。聞允默告我，昨晚因服藥過多，語言不
清，行動無力，蓋Puninal效力實太強，而服藥與就睡時
間相去又太久也。上午閱各報及參考消息後，並閱宏濤送
來之材料。十時卅分吳正之校長與鄭涵清君來訪，談昆明
學潮事。旋蕭同茲君來談，健羣亦來談。午刻昌頤夫婦來
辭行，辟塵亦來即去。午餐時與委座通話兩次。餐畢小
睡，至三時十五分起。今日咳嗽仍烈。為成都學潮事甚關
心，傍晚得電話，知規模與聲勢不大，蓋中立者當有戒心
也。六時卅分乃建來談，送來關於學潮文件四冊，即閱其
大概。夜關雨東總司令來詳談。接孟真、經農書。十一時
卅分寢。

12月10日　星期一　晴　五十八度

八時五十分起。閱本日各報，接閱傅孟真君來函，
摘要呈閱。九時三刻到國府（未出席紀念週），與騮先部

長同謁委座，報告各事。十時卅分出席中央常會，會畢後研究關麟徵之辭呈與處分件，仍至官邸謁委座，與慶祥久待未歸，乃回寓。一時卅分午餐，餐畢小睡，至三時起。芷町來談，與之同至曾家岩。余謁商參軍長，談出發事宜後，即至中央黨部開第一次中央黨政小組會議，至五時卅分始完畢。歸寓後，王宇高君來談。晚餐後張純漚君來談，作致孟真、經農各一函，託其帶去。又斟酌發表關雨東之自請處分電。十時應召往官邸謁委座，承命擬備忘錄稿。十二時寢。

12月11日　星期二　陰　五十五度

八時卅分起。九時到官邸，今日委座將赴北方巡視，故鐵城、達詮及次辰、為章、元靖諸君均被約來見，旋又約張次長維翰來見，余對於各事有所請示後，對於命撰之文件，覺有疑難處，奉諭可與王外長洽辦。旋外長來見，余又同入見。十時送委座及夫人至門首，又與雪艇略談後即歸寓。閱本日參訊及各報後，貴嚴來訪。辭官以後，意態似頗蕭閒，然談話太多。向午希聖來談，余至此忽覺精神不支，乃登牀就睡，至三時許始起。咳嗽未止，頭痛亦烈，而心緒尤繁亂異常。如是徬徨，對應辦之事迄未著手，為之奈何。答關麟徵將軍書。夜仍心繁，與四弟談，至十一時即寢。

12月12日　星期三　晴　五十七度

九時起。昨晚睡眠酣足，故今日精神較暢。閱報及參考消息後，發致北平委座兩電：

（一）根據乃建今晨所得消息，報告學潮近況；

（二）陳述準備文件事雪艇之意見，並請示可否俟來渝後呈核。

又致朱部長一函。拍發致盧主席電。今日凡來訪之客均未接見。囑希聖預備文件，午餐後再約來指示之。小睡至三時卅分起。寫就關於中政校與幹校合併調整意見，送鐵城先生察閱參考。以明日召開會議，將商談及此，而我無暇參與也。傍晚與國楨兩次通電話，並與雪艇電話，接洽文件事。向晚道藩來談戴公擬約宣傳理論人才指示事。夜修改希聖所擬之節略稿，十二時完畢。即就寢。

12月13日　星期四　陰　五十六度

九時五十分始起。昨晚咳嗽劇烈，故今晨不能早起也。盥洗畢，閱各報及參訊（今日參訊載國際事甚詳）。校閱昨晚繕正之節略稿，以一份寄王外長雪艇，託其補正刪節並翻譯。十一時本有小組會商訓練機構問題，以鐵公病，臨時未約談。允默不願先余而行，使余悵悵。下午送之回去。午餐畢，小睡至二時卅分。三時出席中央黨政小組會議二次會，至六時始散。回寓後與實之談話。擬約芷町，而因事不能來。與唐乃建及朱騮先為昆事通電話，改國楨之件。十二時寢。

12月14日　星期五　陰晴　五十五度

　　九時起。閱報及參考消息後，將昨夜修改擬發表之件再複閱一回，寄國楨部長。十時張毅敷兄來訪，談浙江省政，約半小時許始去。芷町來談近日情形，不無牢騷抑鬱之感。余善言慰勸之。午餐後再略談別去。小睡至二時三刻起。吳國楨部長來談。閱張九如君所擬和平建國綱領，以為應商酌之處甚多。四時約九如來，對之面述余之所見，囑其攜回重擬。旋與雪艇、驤先通電話。今日有重慶大學學生三百人到教部請願，為分發他校，請給旅費等費。背後有人策動，甚顯然也。與力子、乃建通話。芷町來談。十二時寢。

12月15日　星期六　陰晴　五十六度

　　九時起。連日貪睡晏起，皆因咳嗽不癒精力日衰之故也。閱各報登載政府發言人之聲明，所取之態度殊不一致，此件反響如何，明日當可知其分曉耳。馬心竹（文車）來訪，以事冗未接見。昆明學潮，據乃建電話，枝節橫生，靜思此事，宜稍留回旋餘地，以揚反動派之罪惡，不宜遽作最後處置，特草一長電致介公，即速拍發。希聖兄來談國際形勢及莫斯科會談之觀察，託其代為研究吸收宣傳人才之計劃。今午袁廣陞兄來新一號宴客，為其女訂婚事。到可亭、芷町諸人。可亭為余談預算經過甚詳，席間飲酒過量，頹然醉倒。小憩至五時始起。國楨、經農來談。夜孟海來談。改講詞一篇。一時許寢。

12月16日　星期日　陰晴　五十五度

　　九時起。近日工作甚緊張，夜睡往往太遲為苦。閱本日各報及參訊後，與朱部長、吳部長等通電話。旋外部顧問張子纓君及教部杭次長先後來訪。子纓擬致力文化宣傳，余勸其與申報合作。皋兒夫婦來寓，余竟未暇與談也。午餐時小睡至二時起。二時十分在新一號約驄先、國楨、經農、健羣會談昆市學潮事。健羣與霍揆彰通電話，知明日復課無希望，即電告北平，又商定新聞稿一件。五時到吳秘書長家茶會，到哲生、力子、亮疇、達詮、世杰、立夫諸人，聞周恩來等各人已到，即由達詮電報主席。八時散會，知周秘書兩次有電話來，設法再接，而語音不清，與商先生談，亦不清楚，後將節略稿中航寄滬，並兩發北平電報。與希聖商論文要旨。十一時卅分寢。

12月17日　星期一　晴　五十六度

　　八時卅五分起（昨晚睡眠不佳，七時餘即醒，而疲甚不能即起）。不及參加紀念週。又因與商參軍長及周秘書通電話，故遲至十時五十分始往出席國防會一七九次常會。議程將畢，只餘倉海大學（鄒魯等擬提議以國立台灣大學改名）一案，余力陳不可以人名名校，卒獲通過不改。只設倉海紀念碑，以紀念邱烈士。十一時卅分散，與雪艇、屬生諸人略談即歸。子文院長約商對昆明學潮之對策，與達詮、驄先、夢麟同至行政院商談，決定再與各校以三、四天之猶豫期間。一時小睡，至二時

卅分起。咳嗽仍不止，精神更差。吳部長國楨來談。朱
次長經農亦來談。約陳醫官來打針。三時五十起翻譯擬
交馬使之東北件，至九時卅分繕校完畢。國楨再來談。
至十一時卅分寢。

12月18日　星期二　晴　五十四度

十時始起。蓋昨晚入睡較遲，而近日精神又稍頹
疲，且遲起成習矣。與驪先通電話，為昆明學潮事。又與
雪艇通電話，為擬致馬歇爾備忘錄送達之事。待何永佶來
談，竟不至，名士氣習何其盛也。致公展一函，明日航快
寄發。國楨兄以電話接洽宣傳事，一時始得午餐。餐畢小
睡，至二時卅分起。陳醫官來打針。作家書一緘。三時到
中央黨部，出席小組會。鐵城主席，交換意見，並討論各
案（余今日發言太多，後當戒之）。至六時始散會。回寓
後校對打字之件。夜道藩來長談。又與實之弟談話甚久。
十一時寢。

12月19日　星期三　晴　五十四度

晨九時始起。接外部甘次長電話，知王外長於今日
赴南京。又接委座電告到京，擬在京見馬歇爾後再回渝
（此電昨晚十二時收到）。即抄送吳文官長。盥洗畢，閱
各報後，將周恩來等與中外記者談話要點電達南京。中午
與力子先生通電話，希聖來談外交演變觀測及中央日報方
針。余意近日對共黨不必示弱，但以不損及政治協商會議

之召開為限度。接王秘書長亮疇電話，詢委座回京日期，余在電話中請其研究協商會議召開時政府可能提出之方案。中午細兒回寓，以今日為十一月十五日，特來為余祝壽。祖望、實之及山洞家人均略備肴饌，中午備酒，約芷町、德哥、實之及細、皓、鎧、祖望、四弟等吃麵。今日天時晴朗，余心甚感愉悅。晚上皓月光明，使人倍增興趣也。午餐後芷町與余談至二時始去。小睡至三時一刻起。與周秘書通長途電話，並與朱教長、吳宣傳部長談洽各事。力子先生來訪，談四十分鐘去。此君見解終不能與余吻合，然友情仍摯厚，公私之際甚難處也。傍晚理髮，六時王芃生君來談約一小時餘，不無疲倦之感。晚餐時略飲酒。錢生威仲來辭行。八時卅分張曉峯君來談在美之觀感。與四弟、細兒談話。十二時寢。

12 月 20 日　星期四　陰　五十四度

九時卅分起。今日為最懶散而毫無工作成就之一日，蓋昨睡不佳，腦力不能集中使用之故也。馬歇爾今日可到滬，當能於明日赴京謁委座。而經國等亦到京，則東北接收問題似又有波折。美外相在莫斯科謁我傅使，此中殆有微妙之因果關係。在蘇舉行之三相會議，其必涉及遠東問題無疑矣。約冠青來，囑撰文字。又囑君章收集材料。午餐後小睡，至二時五十分起。接憐兒來函，即以一箋覆之。為學潮等事，常有零星問題接洽，故擬撰文稿，終於一字無成。夜芷町來談，多牢騷不平之語。實之來談

甚久。十一時冠青攜文來談，十二時寢。

12月21日　星期五　陰、微雨　五十四度

十時許始起。昨晚睡眠極佳，然今日乃晏起如此，甚所不料也。閱新華日報，觀其對美態度又變，殊屬可鄙。如此俯仰因人，真所謂不知人間有羞恥事也。十時卅分吳一飛、樓佩蘭等來訪，與談「憲社」組織之應商榷處及余對於政治協商會議之見解。意欲使彼等轉聞於孫哲生氏。談至十二時散，自覺談話太多，費精神矣。午餐後小睡至二時十分起。三時參加中央黨政小組會議，討論提案二件，臨時動議三件，至六時卅分始散。晚餐時俞欽內姪來談。旋與曉峯、希聖談文化宣傳與外交。十二時寢。

12月22日　星期六　晴　五十四度

八時五十分起。昨晚睡眠甚不佳，實際只睡足四、五小時而已。閱本日報紙，知華北與山東中共軍侵佔仍日益增加，而新華日報之語調亦極惡劣，如此何能以協議而解決紛爭乎。十時卅分洪君勉同志來談，關心文化宣傳，其心至為可嘉，惜太迫切耳。請陳醫官來注射Homone Compoumd 5cc 一針及Parndren 一針。向午聞馬歇爾特使已到，而委座明日亦將回渝。午餐時，四弟宴曉峯等，余畏煩未參與，自與望弟等午餐。餐畢，希聖來談。睡至二時起。電話絡繹而至，頗擾神思。傍晚經國來談，四十分鐘去。夜孟海、叔諒來談。十二時就寢。

12 月 23 日　星期日　陰雨　五十二度

九時卅分始起。閱報及參考消息後，明、樂兩兒歸寓來談。樂即欲東歸，擬設法乘船，然近日實亦無便船也。聞委座等今日將歸來，天雨未及往迎於機場，午餐後小睡至二時起。二時卅分到官邸，謁見報告各事，歷卅分鐘。奉諭電昆明李伯英廳長來渝一談。歸寓後與唐縱同志電話中商量後辦發之。四時立夫來詳談政局與協商會議之展望，約二小時餘始去。洵健談矣。七時晚餐，餐畢，沈昌煥秘書來談。九時到官邸，鐵城、達詮、雪艇、芷町參加會談，十一時與芷町同車歸。十二時就寢。

12 月 24 日　星期一　雨　五十二度

八時十五分起（昨晚眠眠不佳）。閱各報後，九時到國府出席紀念週，由鄒委員海濱報告雲南起義經過，對黨史史料會頗有微詞。今日委座未出席，由于先生主席。十時接開常會，王外長有報告，討論例案三件後，余請先退席，與馮煥章先生略談後，以委座電召，應約到官邸報告，承交下致史大林函，囑密為繕正。擬派經國為私人代表，前往莫斯科。歸寓後，閱參考消息。十二時卅分到官邸參加會餐，到稚公及各院長、海濱、鐵城、亮疇、立夫、達詮等，交換關於政治協商會議之意見，至三時始畢。歸寓小憩，至四時起。天氣轉寒，甚感不適。五時卅分聖芬來談。六時卅分晚餐，食螃蟹。芷町來共餐，餐畢談話至十一時去。十二時寢。

12月25日　星期二　晴、轉寒　五十度

八時十五分起。作函三緘，簽呈一件。閱本日各報及參訊畢，十時卅分囑四弟約傅孟真君來談。此公質直伉爽，富有正義感。談昆明學潮經過甚詳，意甚不滿於梅貽琦氏，談至午餐後始別去。小睡至二時卅分起。今日黨政小組第五次會請假未出席。致吳國楨部長一函，擬準備文字，而無新意。約希聖來，囑擬要點，然彼以事冗，不克來也。與力子通電話，詢參政會審議預算情形。五時卅分國楨來談，商學聯會啟事應否在昆報發表，余以為不宜刊登。然國楨另有所見，卒亦從之。約騮先來談，為代擬致梅貽琦電，即交機要室拍發。六時卅分乃建來談。晚餐後接委座電話，約往山洞官邸謁見。十時退。四弟今日便車來山寓，並留宿焉。十一時就寢。

12月26日　星期三　晴、更寒　四十七度

昨晚睡眠極不佳，八時卅分強起，猶矇矓而疲倦也。九時卅五分委座約往三號別邸，坐走廊上曝日談話，余報告二事。奉交辦三事，並提示元旦文告之要點，為一一記之於手冊。殊覺其憤慨太深，不宜如此盡量宣洩也。即面陳所見，謂當退而斟酌之。十一時約宏濤秘書來談，即將交辦之件寫就面交之。宏濤謂有蔣孝佐者，宜入官邸秘書室工作。十二時午餐，餐畢小睡，至二時卅分起。將小冊內所記者另行摘錄而整理之，始覺此文極不易著手，涉想太深，乃致頭痛不已。晚餐後強睡一小時。委

座來約，允默代余以病辭。九時起，再加研究，撰一、二兩段。十二時寢。

12月27日　星期四　陰　四十六度

八時卅分起。昨晚以懸心於文字，三時卅分即醒，後又入睡，亦不酣適也。九時十五分委座約往談，詢余病狀，答以僅頭痛無大患。委座頗加慰問，謂如精神不佳，可囑其他同志為之。繼知余已開始撰寫，乃謂仍由兄續寫為佳。余略陳昨日研究之所見，此時內外局勢似均不宜於峻屬責人，委座亦以為然。且謂國民大會舊代表有效一節，亦不必提，是何其審慎耶。十一時在寓起草續寫一千八百字。一時午餐，食麵。平玖攜兒同來，蓋今日為旦文姨氏五十九歲生日也。餐畢，疲甚，小睡至三時許始起。續寫後文三段，有稍冗衍者，然結尾氣勢似不弱。今日接國楨、立夫、祖望、四弟等電話凡五次，至六時始將全文寫畢，可云慢矣。晚餐後略休息，補記日記，十二時寢。

12月28日　星期五　陰晴　五十度

昨晚仍失眠（自十時至十二時卅分起草元旦典禮訓詞一篇，約二千五百字，用腦過度，致不能安睡），今晨八時卅分起。整理昨晚文稿。接祖望電話，謂亮公約談要事，但余為委座所留，不能即歸。十時五十分往官邸晉見委座，對廣播詞有多處指示修改。十一時一刻動身回渝。

中午官邸有約會，下午黨政小組六次會，余均以疲倦不能
出席。自十二時至一時，接委座電話三次。午餐後即小
憩，至二時卅分起，睡眠仍未補足。三時後動手修改廣播
詞，新加補充之意見，夾雜太多，整理組織，異常費力，
至六時始勉強完成。真不成文字矣。與國楨、鐵城、岳
軍、立夫諸人先後通電話，並閱函札及來件與報紙。季陶
約往晚餐，亦婉辭未赴也。八時卅分命陶副官以文稿呈委
座。十一時就寢。

12月29日　星期六　大霧、晴　五十度

八時十五分起。大霧迷漫，為今冬所僅見。不能出
門，乃整理架上之文件，約陳廣煜醫官來打針。並閱本日
之中央日報。十時十分以委座未將講詞核下，去電詢問，
奉諭赴林園面談。十時卅分由重慶動身，往謁委座於三號
別邸。委座對文告細心核閱，多所改動，並有補充，余侍
坐甚久，至十二時始改就，仍交余再為整理，而與原來之
命意與文字組織頗有不同，乃急下山回寓整理。心繁時
促，不及午餐，自一時卅分至三時卅分，始勉強修改就
緒，校對繕正後，囑沈昌煥秘書攜交吳部長翻譯。四時後
略進餐，小睡至五時卅分起。六時晚餐，餐畢，可亨來
訪，談預算事，約卅分鐘而去。八時李宗黃、關麟徵來談
一小時。十時果夫來談，十一時始去。十二時寢。

12 月 30 日　星期日　晴　五十度

八時卅分起（昨晚睡眠又不佳）。閱報載，蘇京三國外長會議之公報，竟涉及中國問題，令人無限感慨。勝利甫告實現，而我國之事乃與朝鮮問題並列，人不自強，必遭凌侮，此實我中國之新國恥也。委座屢以電話指示補充文告要點，多憤慨不能自抑之語。於事無補，徒多枝節，電話中竭力諫阻無效，只得姑且補入，囑省吾重抄一份，一面約沈昌煥秘書來，囑其攜送宣傳部補譯。碌碌半日，只為此一事，自嘆文人末路，毫無建白餘地。與芷町通電話，頗有抑鬱不平之感。小睡至一時卅分，再往曾家岩官邸，與啟予同入進見，仍請去此一段，言之三四，未見聽納。旋由委座命啟予攜示馬帥，徵其意見。馬氏向啟予力言，去此一段為佳，至五時再往見，乃刪除焉。力子來談參政會事，並與同見委座。六時卅分歸，彭浩徐來談。七時與雪艇、岳軍同見委座。歸發北平熊主任一電，作函兩緘。八時國楨部長來談。九時到美專街十七號，與可亭、個君、亦有諸人審擬參政會對總預算之意見，分項為之解決。十時後亮疇亦來參加，至十一時卅分大體完畢。余乃先歸，整理文件後，十二時卅分就寢。

12 月 31 日　星期一　陰雨　四十八度

八時一刻起。昨晚服新藥，藥力極峻烈，然中夜仍醒兩次，惟較前晚為佳耳。盥洗畢，閱中央日報。九時到國府參加紀念週，今日以時間關係，工作報告從略，行禮

後即散。九時十五分與亮疇等同進見，由可亭面報昨晚審議之經過。九時五十分舉行國防會第一八〇次常會，討論明年度國家總預算，歷一小時完畢。委座將新年文告交下，仍有文字上之修正，與叔諒共同斟酌。一時略進午餐後，小憩。二時卅分與曹聖芬同車回山洞。三兒亦同行。天雨路滑，約行一小時始達。四時三刻奉召往官邸，以歡迎馬歇爾之演詞（今日為馬氏六十五歲生辰）命余重譯。至秘書室改譯之，囑孫義宣君送呈。六時委座灌音廣播，對廣播詞仍略有修正，即交曹秘書聖芬攜渝發表。八時委座及夫人在林園禮堂舉行歡迎馬帥及紀念新年之晚會，到中外來賓一百卅餘人，甚為熱鬧。余之鄰座為美軍軍官二人，一為陸軍，一為空軍，略與酬酢。宴會畢，賓主雙方致詞均極懇摯。十時一刻散席，即回寓休息。今日皓、皚、明、樂皆回山寓，余補記兩日之日記，一九四五年自此結束。滌舊更新，惟願明年康健愉快。十一時卅分寢。

民國日記 15

陳布雷從政日記（1945）

The Official Diaries of Chen Pu-lei, 1945

原　　著　陳布雷
總 編 輯　陳新林、呂芳上
執行編輯　林弘毅
文字編輯　王永輝
封面設計　陳新林
排　　版　溫心忻

出 版 者　 開源書局出版有限公司
　　　　　香港金鐘夏慤道 18 號海富中心
　　　　　1 座 26 樓 06 室
　　　　　TEL：+852-35860995

　　　　　 民國歷史文化學社
　　　　　10646 台北市大安區羅斯福路三段
　　　　　　　37 號 7 樓之 1
　　　　　TEL：+886-2-2369-6912
　　　　　FAX：+886-2-2369-6990

銷 售 處　 源流成文化 股份有限公司
　　　　　10646 台北市大安區羅斯福路三段
　　　　　　　37 號 7 樓之 1
　　　　　TEL：+886-2-2369-6912
　　　　　FAX：+886-2-2369-6990

初版一刷　2019 年 10 月 31 日
定　　價　新台幣 330 元
　　　　　港　幣　85 元
　　　　　美　元　12 元
I S B N　978-988-8637-25-6
印　　刷　長達印刷有限公司
　　　　　台北市西園路二段 50 巷 4 弄 21 號
　　　　　TEL：+886-2-2304-0488

版權所有 · 翻印必究
如有破損、缺頁或裝訂錯誤
請寄回銷售處更換